知的生きかた文庫

メモ活

上阪 徹

三笠書房

「仕事をうまくこなしたい」

「生活を充実させたい」

「人生を幸せなものにしたい」

そんな願望を叶える方法があります。
誰でも簡単にできるけど、
誰もがやっているわけじゃない、
とっておきの方法。
それが〈メモ活〉です。

　　　　　　　上阪　徹

はじめに
「なんでもメモ」
の習慣が人生を変えた

「毎月１冊、本を書いている」と言うと多くの人から驚かれます。いったいどうやっているのか、と。私は文章を書く仕事をしていますが、こんな生活をもう15年以上、続けています。実際には、本だけを書いているわけではなく、雑誌に連載を持っていますし、ウェブサイトで著名人のインタビュー記事を書くことも少なくありません。それ以外に広告のコピーライティングをすることもありますし、オウンドメディア制作や社史のお手伝いをすることもある。講演やセミナーなどにお声がけいただくこともあります。

　私の自慢は、**これまで一度も締め切りを破ったことがない**、ということ。この世界では、締め切りを守る人のほうが少ないようで、これもよく驚かれます。

　フリーランスになって30年。生き残るのも大変だと言われる世界で、**私は同年代の会社員の２倍、３倍の収入を得ながら過ごしてきました。**

　本当にたくさんの仕事、様々な仕事に携わらせていただいたのですが、それを可能にしてくれたもののひとつが、間違いなく「**メモ**」です。

はじめに

　日々ものすごい量の情報が目の前を通り過ぎていきます。私には秘書はいませんから、そのすべてを自分でコントロールしていくしかありません。

　しかし、すべてを覚えておくことなど、土台無理な話です。そこで活躍してくれるのが、メモなのです。

☑ メモしないと忘れてしまう

　私がやっているのは、ややこしいメモ術ではありません。**とにかくメモする。いつでもどこでもメモする。なんでもメモするのです。**

　フリーランスになって仕事が少しずつ増えていく中で始めたこの習慣こそが、私の人生を大きく変えました。

　例えば、打ち合わせをするとき。もっとも大事なスケジュールについて必ずメモをとります。また、**誰に向けた、どんな目的の、どんなアウトプットが求められるのか。いつまでに、どんなものをつくる必要があるのか。仕事のポイントをメモします。なぜなら、必ず忘れてしまうから。**

　仕事が始まって集中してしまうと、打ち合わせの多くの内容は頭の中から飛んでしまいます。後述するように、これは誰でもそうなるのです。だから、メモする。

　電話がかかってきたら、まず取り出すのはペンです。**内容、やるべきことなど用件についてメモ**します。そのへんの紙に書いてしまったら、必ず転記します。

　そして私の仕事の場合、大事なのが取材やインタビュー

をするときのメモです。もちろんICレコーダーで録音もしますが、できるだけたくさんメモもとる。そのほうが、あとのプロセスがすばやく進められるからです。

　仕事のスケジュールや内容をメモしていく一方、ちょっとした用件が頭に浮かんだりすることがあります。例えば、今進んでいる仕事とは別件で、取引先の人にメールしないといけない。資料を宅配便で送らないといけない。こうしたToDoも、思いついたらその場でメモします。
　プライベートな用件もそう。仕事帰りにコーヒーを買わなくちゃ。こういうことも、ぜんぶメモします。なぜなら、間違いなく忘れてしまうから。うっかりは、防ぎようがない。だから、私は思いついたら必ずメモするのです。

☑「攻めのメモ」でアイデアを

　また、こんなメモもとっています。スケジュールや打ち合わせのメモを「**守りのメモ**」だとすれば、こちらは「**攻めのメモ**」とでもいうべきものです。
　例えば、企画のアイデアメモ。詳しくは後述しますが、私はアイデアをデスクで考えません。それは、デスクで考えても出てこない理由があるからです。
　突然浮かんでくるのがアイデアです。それを忘れずにメモする。 メモしておかないと絶対に忘れます。しかもアイデアは、いつどこで浮かんでくるかわからないのです。

また、本書もそうですが、本はたくさんの構成要素から成り立っています。こうした構成要素は、スラスラと出てくるものではありません。何日もかけて、時には何カ月もかけて、何か浮かぶたびに少しずつメモを追加していって、ようやくできあがります。

　これを私は「要素出し」と呼んでいるのですが、これもメモがあってこそ。何かをしている拍子に急に浮かんできたりするので、すかさずメモする。そして溜めていく。

　あるいは、**すでに溜まったメモを眺めていると、連想ゲームのように新しい要素が浮かんできたりするので、これもまたメモします。**

　また、目次構成を考える際も、私はメモを活用します。頭の中であれやこれやと考えていても、思うような構成にはなりません。キーワードや頭に浮かんだいろんなことを紙にメモしながら、大きな枠組みに仕上げていくのです。

☑ メモは大きく2つに分類される

　私のメモは大きく2つに分類されています。「**スケジュール系**」のメモと「**仕事系**」のメモです。この2つを使い分けるから、締め切りを堅守し、結果を出せるのです。

　スケジュール系のメモをとるのは、**Ａ４サイズのスケジュール帳**がおすすめです。左側に週のスケジュールがあり、右側が罫線入りのフリースペースになっているもの。

　仕事系のメモでは、私のおすすめは、やはり**Ａ４サイズ**

のノートです。大学ノートのようなものでもいいし、外国製の洒落たものでもいいと思います。ただし、軽いもの。なぜなら、持ち運びをするときにラクだからです。

ここには、仕事の打ち合わせの内容を記したり、出張に行ったときの内容をメモしたり、仕事の感想をメモしておいたり。また、思い浮かんだアイデアをメモしておいたり、読んだ本のポイントをメモしたりします。

いわゆる「メモ帳」や小さいノートは使いません。それらは取り出しやすいですが、書くスペースが少ない上、小さいのでどこかになくしてしまうのです。

仕事系のメモは、自分の仕事歴でもあります。過去に自分が何をしていたかがわかる。何を感じて仕事をしていたのかもわかる。アイデアのメモは、いつか見返したときに役に立つかもしれません。

そしてノートは**大判にしておくことで、たくさん書ける**。場合によっては、1年に1冊で済むかもしれないし、本棚にも立てられる。これなら、保存にもそれほど困りません。

もっとも私の場合は、仕事メモは取材メモなので、あっという間に、1冊終わります。しかも、取材がたくさんあるので、すぐに膨大な量のノートが溜まってしまいます。

☑ ストレスがないのはメモしているから

ノートに手書きメモを多用する一方、スマホなどのデジタル機器の利用にも積極的です。今や、どこに行くにも、

はじめに

必ず手にしているのがスマホ。私はiPhoneを使っていますが、ノートをすぐ取り出せないとき、スマホは便利です。

たとえば、**メーラーの下書きにタイトルをつけて、いろいろなメモを放り込んだり、思いついたことをその場で音声入力して、自分にメール**することも。

大量の仕事をこなしていると、「さぞや締め切りのプレッシャーも大きいのでは？」と思われるようですが、実はまったくそんなことはありません。

徹夜をすることは絶対にないですし、土日は講演でもない限り、必ず休みます。友達と飲みにも行きますし、家族で温泉に行ったり、海外旅行に行くこともしょっちゅう。ストレスもありません。

その理由は、メモしているからです。

頭の中のものは、どんどんメモをして、外部に出力してしまっているのです。やるべきこともメモにしてありますから、「あれやらなくちゃ」などと考えることもない。頭の中は、常にすっきりした状態にあるのです。これも、メモのおかげです。

私のメモ術は、小難しいものではありません。とにかくなんでもメモをとる。どこかに保存する。それだけです。こんなに簡単なのに、人生を変えるほどのインパクトがあるメモ。ぜひ多くの人に、どんどんメモをとる＝「なんでもメモ」にトライしていただけたらと思います。

Contents

はじめに
「なんでもメモ」の習慣が人生を変えた 4

第1章
「メモ活」の基本原則

- 01 人は忘れる生き物である 18
- 02 とにかく「なんでもメモ」する 22
- 03 メモすれば仕事がもっとうまくいく 24
- 04 アイデア発想にメモを活用 26
- 05 メモは「A4サイズ」のノートを使う 28
- 06 「仕事系ノート」を用意する 30
- 07 メモで気持ちにゆとりを 32

第2章
とにかくすぐに記録する！
段取りメモ

- 08　ペンが3本あればどんなときも困らない……36
- 09　ノートの定位置を決めればすばやくメモできる……40
- 10　音声や写真でメモをとるとっておきの方法……42
- 11　手書きのメモは人の印象をよくする……44
- 12　スケジュール帳も手書きすれば実用的……48
- 13　デスクワークもスケジュールに加える……52
- 14　すべての仕事は1時間ずつ分割する……56
- 15　「かかった時間」もメモすればあとで役立つ……60
- 16　今日やるべきことは「ToDoリスト」で管理する……64
- 17　「ToDoリスト」にチェックボックスをつくる……68
- 18　「準備メモ」をつくれば聞き漏らさない……72
- 19　大きな仕事は「やるべきことリスト」で着実にこなす……76

第3章
Ａ４ノートに記録する！
要約メモ

- 20 スケジュール以外はぜんぶ「仕事系ノート」へ 80
- 21 手書きのメモには意外なメリットがある 84
- 22 メモすれば仕事のポイントが見えてくる 88
- 23 仕事の指示は復唱しながらメモ 92
- 24 オリジナルのマークを使って脳にインプット 96
- 25 議事録はキーワードだけでつくる 98
- 26 会議中のメモで「質問力」を鍛える 102
- 27 チームメンバーの名前もメモする 106
- 28 ビジュアルをスケッチでメモしていく 108

第4章
速く、正確に記録する！
スピードメモ

- 29 すばやくメモをとれるテクニック 112
- 30 意外に知らない余白の大切さ 116
- 31 商談は「様子」もメモしておく 120
- 32 相手から「いい話」を聞き出す技術 124
- 33 スピードメモの練習はどこでもできる 128
- 34 他人のパーソナル情報もメモしてしまう 132
- 35 お酒の席でも「いい話」があればメモ 136
- 36 お気に入りのお店やお土産をメモしてストック 140
- 37 忘れない「読書メモ」のとり方 142

第5章
思考を加速させる！
アイデアメモ

- 38 アイデアはデスクで考えない ……………… 148
- 39 思いついたアイデアは即スマホにメモ …… 152
- 40 日常生活で「トリガー」を探す ……………… 156
- 41 電車の中もアイデアを考える場になる …… 160
- 42 「ひとり連想ゲーム」でアイデアを膨らませる
  ……………………………………………………… 164
- 43 スマホのメモをノートで整理する ………… 168
- 44 企画は「課題」と「解決法」で発想していく
  ……………………………………………………… 172
- 45 仕事に関係ない「雑感」もメモする ……… 176
- 46 「感じたことメモ」でコメント力を高める … 178
- 47 メモを素材に「3行日記」を書く ………… 182
- 48 嫌なことをメモで吐き出す …………………… 186
- 49 夢や目標をメモに書けば実現する可能性が高まる
  ……………………………………………………… 190

50 「やりたいこと」「欲しいモノ」をリスト化する ……194

51 週明けが楽しくなる「週末にやることリスト」 ……198

52 メモは「本当の自分」を知るのに役立つ ……202

第6章
文章力の決め手！
素材メモ

53 記者は何をメモして記事を書いているのか ……206
54 文章の奥義「形容詞を使わない」 ……210
55 文章は「素材」をメモすることから ……214
56 「素材」に時間をかければ長い文章も書ける ……218
57 研修や講演のレポートに困らない方法 ……222
58 営業日報・業務日報をすばやく書く方法 ……226
59 読み手が「追体験」できる出張レポートを書くコツ ……230

60	構成を考えるときに使える「矢印メモ」	234
61	パワポのスライドもメモから始める	238
62	実現しやすい企画書のつくり方	242
63	1冊の本は「付箋メモ」でできている	246
64	SNS投稿やブログもメモからつくる	250

●本文デザイン・図版作製・DTP　土屋裕子(ウエイド)

●本文イラスト　森崎達也(ウエイド)

●企画・編集協力　神原博之(K.EDIT)

●プロデュース　倉上 実

第1章

「メモ活」の基本原則

人は忘れる生き物である

「メモをする習慣を持っていて、本当によかった」

そう心から思える取材がありました。ある大学教授が、こう断言されたのです。人間は必ず忘れる。覚えていることができない。なぜなら、忘れる生き物だからだ、と。

人類の歴史を調べると、今のような豊かな暮らしができるようになったのはごく最近ということに気づきます。**人間はその歴史の大部分をジャングルで暮らしてきたのです。**

ジャングルには、肉食動物もいますし、猛禽類やら爬虫類やら、命に危険を及ぼす生き物がうようよ棲んでいます。ちょっとでも油断をしたら、襲われる危険がありました。

そこで人類は、**危険をすぐに察知できるよう、脳のスペースを常に空けておくようになった**、とその教授は語っていました。それにより、変化に瞬時に反応できるのだと。

そして、そのために必要だったのが、脳内すべてを何かに占領されないように気をつけること。**いろんなことを、すぐに忘れるようにすることだった**、というのです。

☑ 集中できないのは、当たり前

集中できない、注意力が散漫で困る、と悩む人もいますが、そもそも人間は、そういう生き物なのです。集中でき

ないようにできているのです。

　それこそ、アインシュタインやニュートンみたいに、とんでもない集中力の持ち主がジャングルに暮らしていたら、脳のスペースが足りないために危険に気づけず、あっという間に獰猛(どうもう)な動物にガブリとやられてしまうかもしれない。そうならないために、人間は集中せず、注意力が散漫になるようにできている、というわけなのです。

　もともと人間は、いろんなことを忘れるようにできています。だから、**「どんなことも忘れてしまう」ということを前提に行動する**必要があるのです。
　大事なことなのだから忘れないだろう、と思っても忘れてしまいます。それは、太古の昔からの人間の本能的なプログラムです。記憶力がいいとか悪いとか、そういうことではなく、人間はいろんなことを忘れるよう、プログラムされているのです（つらいことを忘れられるから、人間は強く生きていける、ということも含めて）。
　人間は大変なスピードで物事を忘れていき、しかも忘れたことさえも忘れてしまう。実際、そのことを痛感している人も少なくないのではないでしょうか。
　私は毎日のように誰かに会い、インタビューをし、原稿を書いていますが、得た情報は次から次に忘れています。有名な経営者やタレントに取材をすることもあるので、「そういう人の話は一生、忘れないのではないですか」

などと言われたりするのですが、そんなことはありません。やっぱり、あっさりと忘れてしまうのです。

　持っていかなければいけないものを忘れてしまった、という「うっかり」も、仕方のないことです。忘れようと思って忘れたのではないのです。そもそも覚えていられないから忘れてしまったのです。ですから、何かいいアイデアを思いついても忘れるのも、仕方のないこと。忘れてしまったことすら、忘れてしまうかもしれません。

☑ うっかりを防ぐには「メモ」するしかない

　となれば、何をしなければいけないか、もうおわかりだと思います。メモです。忘れてしまうわけですから、**忘れないためには、外に記録しておくしかない**のです。

　だから、メモをとる。子どものころはメモをしないで忘れ物をしたとしても、許してもらえたかもしれません。

　ところが、社会に出て、仕事をするとそうはいきません。メモはとらなければならないもの、に変わります。

　なぜなら、忘れることによって、取り返しのつかない致命的なミスをおかしてしまう可能性があるから。メモは、自分の仕事に大いに活かせるものだからです。

　人間が忘れる生き物であることを知っている人は、必ずメモをとります。だから、うっかりもない。ひらめきをきちんとメモしているから、アイデアもどんどん出せる。

メモをとるというのは、とても小さなアクションです。ところが、その小さなアクションで、人生は大きく変わる可能性がある。

その事実をぜひ、覚えておいてもらえたらと思います。

[メモすることの効能]

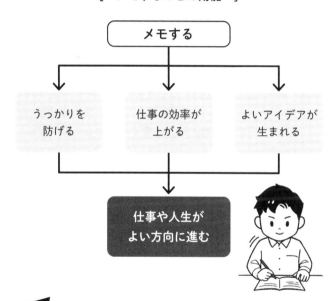

まとめ
覚えたことは時間が経つにつれて忘れてしまうので、必ずメモをとろう。

とにかく「なんでもメモ」する

あなたは「メモをとる」ことは得意でしょうか？

実際問題として、どうメモを取ったらいいかわからない、という声もよく聞きます。私がおすすめする方法は、**とにかくなんでもメモに残すこと**です。

例えば、先輩から何か仕事をお願いされる。わざわざ紙に書いて説明してくれる人はいません。そこで、**内容や注意点、締め切りなど聞いたことをどんどんメモする**のです。

[「なんでもメモ」に書くべきこと]

先輩から聞いた仕事の内容

街で見かけたキャンペーン広告の内容

電車の中で思いついたアイデア

取引先の人が話したこと

営業先で商談をしたら、**取引先が語った言葉をメモ**する。**上司がどんなことを話していたのかもメモ**しておく。

仕事が終わって駅に向かう途中で、何かをハッと思いついたりすることがあります。それもちゃんとメモしておく。電車の中で、競合会社が新しい広告キャンペーンを展開していたら、それもメモしておく。どんな内容だったか、どんなキャッチフレーズを使っていたか、それに対して自分がどんな感想を持ったかもメモする。

☑ メモのイメージを変える

とにかく、なんでもメモをとるのです。**聞いたこと、見たこと、思いついたこと、感じたこと、思い出したこと、やらないといけないこと、やろうと思っていること……**。

メモとはこういうもの、という古いイメージを捨ててしまいましょう。メモのイメージを変えるのです。今日からなんでもメモに残すことを習慣にしてみてください。

メモは言ってみれば、**脳の外付けハードディスク**です。ちゃんとディスクにメモしておけば、自分が過去に考えたこと、感じたことを再現できるので、脳が忘れても心配はいりません。

まとめ

学生時代のメモのイメージを捨て、
どんなことでもメモに残す習慣をつけよう。

メモすれば仕事がもっとうまくいく

メモをしっかりとっていると、何より減るのが「うっかり」です。あれを忘れた、これを持ってくるのを忘れた、やっておくのを忘れた、ということがなくなるのです。

やらなければいけないことをしっかり覚えていて、何事もきっちりできる人は、やがて周囲から信頼されます。「あれはどうなってる？」とあなたを頼る人も増えます。

上司が誰かに仕事を頼むとき、信頼のおける人とそうでない人のどちらに頼むか。それは明白でしょう。

しかも、メモはうっかり防止にだけ効果があるわけではありません。**メモは、仕事力向上にこそ使うべきです。**

例えば、何か仕事を頼まれたとする。しっかりメモをとれば、確実に、すばやく仕事を終わらせることができます。

仕事をしている途中で、「あれ、これはどういうことでしたっけ？」と、何度も確認しに行くようなことはなくなります。それだけ仕事のスピードがアップするのです。

☑ 自分用の仕事マニュアルをつくる

また、メモをとっていれば、それは次の機会にも活かすことができます。後日、似たような仕事を頼まれたとき、そのメモが再び活きてくるのです。

第1章 「メモ活」の基本原則

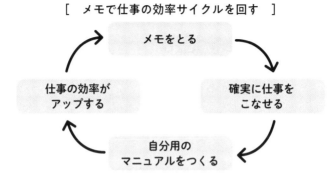

[メモで仕事の効率サイクルを回す]

そしてメモをベースにして、その仕事に必要な手順、時間、費用などをまとめておく、自分用の仕事マニュアルに仕立てていくこともできるでしょう。新しく覚えたことはメモに残し、自分用のマニュアルに落とし込んでいくのです。そうすると、仕事はどんどん次のステップに移っていきます。自分の成長スピードを上げられるのです。

メモをとらなかったら、同じ仕事を次に頼まれたとき、またゼロから発注者に確認しなければなりません。途中でわからないことに気づくかもしれません。これでは、周囲からの評価は残念なものになってしまうのです。

> **まとめ**
> メモを活用して仕事をすばやくこなして、
> まわりからの評価をアップさせよう。

アイデア発想にメモを活用

多くの人が経験があると思いますが、アイデアはそうそう簡単には出てきてくれません。これは、プランナーやデザイナーなど企画のプロでも同じです。

彼らはそれがわかっているので、時間をかけてアイデアを考えます。何かまったく別のことをしているときに、アイデアが出てきたとしても、それを忘れないようメモする。

こうして何日もかけて、**たくさんのメモから、最終的に価値の高いアイデアが生まれます**。大勢の人とブレインストーミングを行って、あれやこれやと意見を出し合うときも、必ずメモをとります。

そうやってあれこれ書き出したメモがきっかけになって、ひょいと斬新なアイデアが生まれたりする。大勢でアイデアを考えるときにも、メモは活きてくるのです。

☑ メモを書くことで頭が整理される

脳は、実は自分の知らない間にいろんなことを考えてくれています。問題は、**それをうまく引っ張り出せるかどうか**です。そこで、メモを活用するのです。

思いついたことや頭の中にあることを、とにかく外に出してみる。言葉にしてメモにしてみる。

第1章 「メモ活」の基本原則

[　優れたアイデアを生み出すメモ　]

　ふと書いたメモが、別のアイデアを浮かび上がらせることがあります。**なかなかまとまらなかったことが、メモに書き出すことによって整理されていくのです**

　クリエイティブな発想にも、メモは大いに活躍してくれる。私自身、デスクでアイデアを考えることはありません。駅まで歩いているとき、電車に乗っているとき、街中を散歩しているときにふと浮かぶことが多いからです。

　脳を刺激してくれるヒントは、デスクよりも外のほうがはるかにたくさんあります。しかし、ちゃんとメモをとっておかないと確実に忘れます。だから、メモをとるのです。

> まとめ
> デスクでも出先でも、思いついたことをどんどんメモして、アイデアをブラッシュアップしていこう。

Technique 05 メモは「Ａ４サイズ」のノートを使う

「なんでもメモ」で使うのは、基本的にスケジュール帳とノートの２つ（正確にはここにスマホが加わります）。どちらも大きいほうがいい、というのが私の考えです。

スペースが大きければ、たくさん文字を書くことができます。しかも、ギチギチに書くのではなく、ゆったり書けます。すると、見返したときも読みやすいのです。

また、何ページにもわたってページをめくりながら眺めるのではなく、ひと固まりで内容を見返すことができます。このとき、イラストや図表なども使って、ビジュアル情報を豊富にしておいたほうが便利です。この点でも、ノートが大きいほうが、ビジュアルにまとめやすいのです。

私が推奨するのは、スケジュール帳もノートもＡ４サイズです。一般的に使われるコピー用紙もＡ４サイズですが、これがビジネスの標準サイズなのです。

私はかつて、Ｂ５サイズのノートを使っていたこともありましたが、多くの書類がＡ４サイズなのに、ノートだけがＢ５サイズだと、どうにも落ち着きませんでした。

バッグの中でもサイズが違うので、位置が定まらない。小さいので、取り出すにもちょっとだけ手間がかかる。

資料と同じＡ４サイズにしてからは、それがまったくなくなりました。Ａ４サイズのクリアファイルに入った資料と、一揃えなので、バッグにもすっきりと収まります。

☑ 書きやすく、見やすいのが大判ノート

　スケジュール帳のＡ４サイズというのは、ちょっと珍しいかもしれません。私は中のリフィルノートだけが取り外せて交換できるものを長く愛用していました。

　左側のページは１週間のスケジュールが入っています。右側はフリースペースです。詳しくは後述しますが、右側はToDoリストのメモなどに活用しています。

　スケジュール部分も大きいので、何より書きやすく、見やすいのが大きな判型の特徴です。スケジュール帳は小さなものを使っている人も多いですが、身体を前屈みにして書き込んでいる姿は、実は個人的にあまり好ましいものとは思えませんでした。

　Ａ４サイズのスケジュール帳であれば、それはありません。これものちに詳しく述べますが、スケジュール部分に仕事にかかった時間を書き込めるなど、メリットがたくさんあるのです。

> **まとめ**
> Ａ４サイズのスケジュール帳を用意し、
> 紙面いっぱい、あらゆる情報を書き込もう。

Technique 06 「仕事系ノート」を用意する

　スケジュール帳とは別に、**A4サイズの「仕事系ノート」を持つこと**をすすめます。こちらは、打ち合わせ内容をメモしたり、取引先との商談内容を書いたり、仕事上の事柄を、どんどん書き込んでいくノートです。

　1案件1ページと決めて、大胆にスペースを使いましょう。聞いたことをメモするだけでなく、見たことや感じたこともメモしていきます。

　もちろん「うっかり防止」のためのメモもしっかりとることになりますが、ただメモをするのではなく、**いずれ見返すという意識を持っておくと、振り返りに役立つメモがとれる**と思います。例えば、数年後に過去の仕事を振り返るとき、いつ何をして、どんなことを感じていたか、ノートを見ればすぐにわかります。当時はこんな悩みを持っていたが、今ではすっかり解消している、といったことにも気づけたりするわけです。

☑ 書きっぱなしにしない

　そのためにも、書きっぱなしにしないことです。例えば、取引先との商談でメモを残したなら、会社に戻ってから、メモしきれなかった部分を思い出して追記するのです。

第 1 章 「メモ活」の基本原則

[メモは常に見返して追記]

　また、仕事の手順を自分用のマニュアルに整理してみたり、どこに仕事の課題があったか、難しさがあったか、などもメモしておくと次の機会に活かすことができます。

　私は、外で思いついたことは、常に持ち歩いているスマホにメモすることが多いのですが、それを仕事系ノートに転記することで、確実に記録に残します。

　日々の生活の中で思いついたことを書き留めたり、アイデアのブレインストーミングをしたりするときにも、このノートは活用できます。同じような案件を担当するときも、振り返って眺めることで、過去のキーワードからヒントがもらえて、新しいアイデアにつながることもあります。

「仕事系ノート」をつねに見返して、
今の仕事に役立てよう。

Technique 07 メモで気持ちにゆとりを

　メモの効能は様々にありますが、私がもっとも大きいと感じているのは、**気持ちにゆとりが生まれること**です。

　現代のビジネスパーソンはとても忙しくしています。あれもやらないといけない、これもやらないといけない。あの人にメールを送って、あの会議に出て、あの書類をつくって。あの人に会ったあとは、あの場所に移動して……。

　メールやパソコンなど、デジタルツールが発達したこともあって、仕事の忙しさは私が社会人になった頃とは比較になりません。昔はもっとみんなのんびりしていました。やるべき仕事の量も、今ほど多くはなかった気がします。

　「忙」という漢字は、「心を亡くす」と書きますが、忙しいと心にゆとりがなくなります。やらなければいけないことに追われて、落ち着かなくなる。心のゆとりが消えていく。何をしていても、常にどこかで「あれもやらないと」という強迫観念にとらわれてしまうからです。

☑ 忘れるためにメモを書く

　しかし、しっかりメモをとっていれば、こういうことはなくなります。私もやらないといけないことは常に山積していますが、ストレスはほとんどありません。

第1章 「メモ活」の基本原則

[心に余裕が生まれる]

覚えることは
すべて
メモに！

なぜなら、やるべきこと、覚えることはすべてメモにお任せしているから。それにより、頭の中は常にすっきり。極端に言えば、**メモは、忘れるために書いている**のです。

先にも触れたように、人間は忘れる生き物です。そうプログラムされているのです。**しっかりメモをとっておけば、素直にこのプログラムにしたがえる**ということです。

忘れるためにメモを書く。外にどんどん記録していく。そうすることで、心にゆとりが生まれるのです。

> **まとめ**
> 覚えることはどんどんメモに任せ、
> 「忘れる」という人間の本能にしたがおう。

MEMO BEST METHOD

第1章のまとめ

- ☑ 人の脳は忘れるようにできている。忘れることを前提に、なんでもメモする習慣をつけよう。

- ☑ 思いついたことをどんどんメモしていけば、アイデアをブラッシュアップして、より価値を高くできる。

- ☑ ノートは「A4サイズ」がベスト。

- ☑ メモを活用すれば、仕事の質とスピードが上がり、まわりから高い評価を得ることができる。

- ☑ 「仕事系ノート」をときどき見返せば、今の仕事で直面する課題が解決できたり、新しいアイデアが浮かんできたりする。

第2章

とにかくすぐに記録する！

段取りメモ

ペンが3本あれば どんなときも困らない

「なんでもメモ」のために、まずやっておきたいのは、すぐにメモがとれる環境づくりです。例えば、ペンは1本ではなく、複数本バッグに入れておくこと。しかも、バッグの内側、外側のあちこちに入れておく。そうすることで、すぐにペンを取り出すことができるからです。

何かが思い浮かんで、さあメモと思ったのにペンが見あたらない。これは、なんとしても避けたい事態です。あれ、どこ行っちゃったんだろうと、バッグの中をごそごそしているうちに、肝心のメモする内容を忘れかねません。なので、**私は常時、最低3本はバッグにペンを入れています。**

今、使っているのは革製のトートバッグで、バッグの口を開いた、すぐ脇の小さなポケットにペンを挿しています。

かつてはファスナーやポケットがたくさんついたバッグを使っていましたが、それだとどうしても開けるのに時間がかかってしまいます。そこで、中身がすぐに見えるトートバッグを選ぶことにしたのでした。

☑ すぐにペンを手にできる状況を

1本ペンが入っていれば、それでいいじゃないか、と思われる方もいらっしゃるかもしれませんが、ペンは得てし

ていきなりインクがなくなるものです。そうなったら、メモができません。とても大事な内容なのに、インクが切れてメモができない、という恐ろしい事態も起こりえます。

私の場合、取材メモでは大量に文字を書きますから、インクもどんどんなくなってしまう。だから、インクが切れて困った、ということにならないためにも、ペンは常に複数本、用意しておくのです。

また、みなさんも経験があると思うのですが、ペンを使ったあと同じ場所に戻さずに、つい置きっぱなしにしてしまう。すると、バッグを開けて、「あれ、ペンがない！」ということになる。これでは、困ってしまうわけです。

複数本、常にバッグに入れておけば、こういうミスを防ぐことができます。いつでもどこでも、あっという間にペンを取り出すことができるのです。

[　ペン3本のメリット　]

メモしたくなったらすぐに取り出せる

インクがなくなっても代わりのペンで書ける

1本なくしてもすぐに代わりが見つかる

☑ 書きやすいペンでも高級ペンでも

　私が使っているペンは、三菱鉛筆のボールペン「ジェットストリーム」です。取材でたくさんメモをとらなくてはいけないという職業柄、ペンの書き味にはものすごくこだわります。

　いろんなペンを試した中で、20年ほど前にこのペンに出合って以来、もはやこれしか使わない、というほど愛用しています。何より、書き味がなめらかでスムーズなのです。なので、スラスラとたくさん書けて、まったく疲れない。

　ペン先のボール径にもいくつか種類がありますが、私は0.5ミリと、0.7ミリを用途別に使い分けています。取材のメモで使うのは、0.7ミリ。細かな字を書かないといけないスケジュール系のメモは、0.5ミリにしています。

　私にとってペンは完全に消耗品なので、安価なボールペンで、芯をどんどん入れ替えて使っていますが、**ペンにこだわる、**というのもひとつのスタイルです。

　それこそ接客業や営業職の人などは、お客さまに自分のペンでサインをしてもらう、というケースもあるでしょう。

　高価な商品を扱っているのに、さすがに安価なペンというわけにはいかない。そのため、高級なボールペンを使っている営業担当の方も少なくないようです。

　毎日使うペンですから、とにかく書きやすくカジュアル

なペンを選ぶのもいいですし、ここぞというときには、気分が上がるペン、お気に入りの高価なペンを使うのも、ひとつの選択肢です。

☑ ペンの色を変える方法もあり

実はちょっと珍しいと思うのですが、私はメモに赤いペンを使っています。取材のメモも赤。スケジュールもToDoリストも、すべて赤。

これはとくにこだわりがあったわけではなく、赤い色が好きだったから、という単純な理由です。また、黒よりも赤のほうが目に入りやすい、ということも大きかったかもしれません。

ただ、サインをする場合は黒が基本ですから、黒いペンも必ずバッグには常備しています。

私自身はやっていませんが、用件や情報の種類によってペンの色を変える、という人もいます。**通常は黒でメモをとり、大事なことだけ赤にする、赤で下線を引く**、といった使い方をすれば、あとで見返したときにわかりやすいので、とてもいい習慣です。

> **まとめ**
> ペンの種類や色にこだわり、
> メモがしやすい自分のスタイルを見つけよう。

ノートの定位置を決めれば すばやくメモできる

　次に必要なものといえば、ノート。ペンをすぐに取り出せても、ノートが出てこないのでは意味がありません。ところが、どこに紛れ込んだのか、バッグの中をゴソゴソと探す羽目になるケースがよくあります。

　ペン同様、ノートも定位置を決めておくといいでしょう。

　私は、ポケットにもっとも近い側にいつもノートを入れています。そうすると、ポケット側に手を入れれば、すぐにノートとペンを取り出すことができます。

　とても小さなことですが、こうした小さな積み重ねが、時間を生み出す、無駄を排除してくれる、と取材で語っていた成功者は少なくありませんでした。

　例えばエレベーターに乗って、もっとも早くエレベーターをスタートさせる方法は何か。普通は、階数ボタンを押して、次に閉ボタンです。これを、逆にして閉ボタンを先に押す。これだけで、わずかに早く出発します。

　一事が万事で、時間をうまく使っている人というのは、ちょっとした時間の使い方ひとつとっても、何か工夫できないかを常に考えています。

　だから、人よりも多くの時間を生み出すことができ、優れた成果に結びつけることができるのです。

第2章 とにかくすぐに記録する！段取りメモ

☑ 小さな無駄も積み重ねると大きな無駄に

　モノの定位置を決めるというのは、多くの工場で採用されている方法です。私が取材で見たのは、引き出しの中に発泡スチロールが入っていて、それが一つひとつの工具の形に切り抜かれたケースでした。工具を戻すときは、切り抜いた形にはめて戻す。だから、次に工具を使うとき、一目瞭然でありかがわかる、というわけです。

　いろいろな工具がグチャグチャに入った引き出しから必要な工具を探す時間は、わずかかもしれません。しかし、それが1年分積み重なると、かなりの時間になります。そんな無駄な時間をなくすためのアイデアなのです。

[**ノートを探す無駄な時間**]

※年間に100回ノートを探すと仮定

> **まとめ**
>
> ノートとペンの位置を決めて、
> 「モノを探す」無駄な時間を減らそう。

音声や写真でメモをとる とっておきの方法

ペンとノートについてご紹介してきましたが、実はメモにつながるツールは、これだけではありません。

例えば、私の取材の必需品は、**音声をメモしてくれるICレコーダー**です。昔はカセットテープのレコーダーを持ち歩いていましたが、今はコンパクトでしかも長時間録音できるスグレモノがあるので、本当にありがたいかぎり。

相手が録音を許可してくれることが条件になりますが、音声がメモできるICレコーダーはとても役に立ちます。

私は、打ち合わせでもICレコーダーを回すことが少なくありません。もちろん、ノートにメモもとりますが、念のために録音しておくのです。必要に応じて、あとから聞き直して、書き切れなかったことを追記します。そうすることで、メモをより詳細なものに仕上げるのです。

☑ 写真を撮れば一目瞭然のメモ

そしてもうひとつ、メモツールとして積極的に活用しているのが、写真です。百聞は一見にしかずで、1枚の写真でメモが事足りてしまうことも少なくありません。

今も覚えているのは、雑誌で著名人のお気に入りの本10冊を紹介する企画の取材があったときのことです。取材対

象者の方が10冊本を出してくださり、ノートに書名をメモしようとしたとき、ハタと気がついたのでした。これは、写真に撮ってしまえば一目瞭然ではないか、と。

そこで、積み上げられた10冊の写真を撮らせてもらったのでした。書名はもちろん、著者名も出版社名も写真に写っている。このやり方はほかでも使える、と思いました。

場所や人によっては、撮影がNGの場合もあるので注意が必要ですが、そうでないなら、積極的に写真をメモとして活用するべきです。出張先で視察レポートをまとめるにも、写真さえ撮っておけば、職場に戻って写真を見ながら書くこともできます。

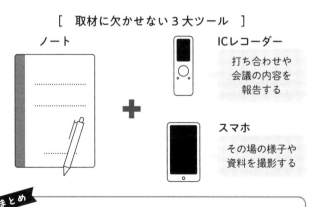

[取材に欠かせない3大ツール]

ノート

ICレコーダー
打ち合わせや会議の内容を報告する

スマホ
その場の様子や資料を撮影する

まとめ
音声や写真でも記録をとって、メモの内容を補強しよう。

手書きのメモは人の印象をよくする

　今やデジタル全盛時代。パソコンは当たり前のように使っているし、タブレットやスマホだってある。なのになぜ、わざわざ手書きのメモを推奨するのか……。もしかしたら、そんなふうに思われている方も少なくないかもしれません。

　もちろん私もデジタルツールは使っています。かつての手書き一辺倒から、今ではパソコンやスマホへと、メモはどんどんシフトしています。

　のちに詳述しますが、それでも**メモの基本は手書き**です。

　それはなぜか。例えば、年配の上司や経営者に話を聞く。その人たちにとってメモは、ノートに手書きです。自分たちもそうしてきたし、それが当たり前だと思っている。

　そこにノートもペンも持たず、いきなりパソコンを開く姿が相手の目にどう映るか。実は、印象が悪いのです。私は50代ですが、打ち合わせはさておき、私に取材に来た人が目の前でパソコンを打ち始めたら気分はよくありません。

　今の時代に何を言っているのか、と思われる人も多いでしょう。しかし、それが現実だということは知っておいたほうがいい。そして、**誰がなんと言おうと、評価をするのは相手です**。こいつは印象悪いな、と思われたら、それで

おしまいです。パソコンには、そういう危険が伴うのです。

ましてやスマホを取り出したりしたら、人がしゃべっているのに、メールをチェックしているのか、と思われてしまいかねない。これ、冗談で書いているのではありません。本当にそう思う年配者は少なくないのです。

パソコンやスマホは、年配者にはすこぶる印象が悪い。

だから、手書きのメモがいいのです。ノートを広げて手書きする姿に悪い印象を持つ人はいません。しかも、自分の話をメモしているというのは、話し手にとっては、極めてうれしいことです。ある意味、**メモをとる行為は、相手への敬意**です。相手の目には「可愛いやつ」に映るのです。

そしてもちろん、信頼度も増します。しっかりメモをしているので、この人ならうっかりミスすることはないだろう、という評価にもつながる。手書きメモの効能は、こんなところにもあるのです。

[**手書きメモの信頼性**]

パソコンでメモ
- 音がうるさい
- 手元が見えないので相手を不安にさせる

↓

相手が気分を害することも

手書きでメモ
- 手元が見えるので相手が安心する
- 話を聞いている姿勢が伝わる

↓

印象がよくなる

☑ 仕事を受けるときは、必ずメモの用意を

かつて取材した経営者が、こんなこと言っていました。
「上司に呼ばれてペンとノートを持ってこない社員は、それだけで評価が下がる」

当然かもしれません。先にも述べたように、人間は忘れる生き物だから。よほどの天才でもない限り、物事をずっと覚えていることはなかなかできません。仕事ができる人ほど、そのことをよくわかっています。だから、メモをとるのです。

なのに、仕事を頼もうとしている部下が、メモをとっていなかったらどうなるか。

大事な仕事を任せて大丈夫だろうか。本当にちゃんと仕事を進められるのか、と不安になってしまうでしょう。

一方、打ち合わせや会議にノートパソコンを持っていくのが当たり前、という会社もあるかもしれません。

それなら、仕事を依頼されたときにパソコンを持って行って問題ないと思います。

ただし、お客さまと会うとき、あるいは社長や役員など会社の上層部に呼ばれたときには、やはり、ノートとペンを持って行ったほうがいいでしょう。

☑ あちこちにメモしてしまうと、危ない

手書きでメモするにしても、どうしてノート、しかもA

４サイズのノートでなければいけないのか。もっと小さなノートでもいいのではないか、と思われるかもしれません。

　たしかに小さなノートは、すぐに取り出せて便利ですが、１ページに書ける量が限られます。すると、どこに何を書いたかが、あとから探しにくいのです。

　しかも、小さいのであっという間に使い切ってしまいます。そうすると、すぐに別のノートを使うことになる。どんどんノートが溜まっていってしまいます。

　もっというと、小さいノートは存在感がないので、持って行くのを忘れてしまう、ということも起こりえます。そうなると、別の何かにメモすることになりかねない。

　メモでもっとも危険なことは、あちこちにメモすることです。それでは、そのメモがどこに行ったかわからなくなってしまいます。

　だから、大判のＡ４ノートにする。しかも、**スケジュール系と、仕事系ノートの２種類しか使わない。メモはどちらかに必ず残されているようにする。**

　そうすれば、「あれはどこに書いたかな？」を防ぐことができるのです。

まとめ

パソコンやスマホを使わず、
手書きでメモして相手からの信頼を得よう。

Technique 12 スケジュール帳も手書きすれば実用的

　スケジュールはパソコンやスマホで管理している、という人も多いかもしれません。社内やチームでスケジュールを共有している人もいるでしょう。しかし、それでも私は、スケジュール帳もやはり手書きをすすめます。

　理由のひとつは、なんといっても、**あっという間に書けること**です。何か予定が入ったら、ペンとスケジュール帳を出して記入するだけです。新しい予定が入り、「あとでスマホやパソコンに入れておこう」と思っていたら忘れた、なんてことも防げます。そしてもうひとつ、予定を確認するのも、あっという間だということです。当該部分を物理的にパッと開くだけだから。

　お客さまや上司から「この日の予定は？」と聞かれたとき、パソコンを閉じていたら、パソコンを立ち上げ、スケジュール画面を開いて……とやらなければなりません。ましてやスマホにスケジュールを記録していて、スマホに電話がかかってきてしまったら、スケジュールを見られない、などということになってしまうわけです。

　社内共有のため、デジタルのスケジュール管理は必要でしょう。その場合、ちょっと手間にはなりますが、手書きのスケジュール帳を別に持つことをおすすめします。

第2章 とにかくすぐに記録する！段取りメモ

☑ たくさん書けると手間と無駄が減る

　手書き、しかもＡ４サイズのスケジュール帳を私がすすめる理由は、何よりたくさん書ける、ということです。

　スケジュールには、意外にたくさんの情報が必要です。

　例えば、はじめて会う相手と商談が決まったとする。時間と場所、会社名までは書いてあるけれど、訪問する担当者名が抜けていた。すると、スマホを取り出し、メールを開き、検索をかけ……などとやらなければなりません。

　Ａ４サイズのスケジュール帳を使っていれば、書くスペースも大きいですから、**予定の欄にたくさんの情報を書き入れていく**ことができます。

　あとになって、余計なひと手間をかけなくてよくなる、ということです。担当者の電話番号までメモしておけば、万が一、何かあっても、すぐに連絡を取ることもできます。

[アポをとるときの確認項目]

アポイントメモ
- □日時
- □場所
- □会社名
- □部署名
- □担当者名
- □電話番号
- □最寄り駅

ノートなら早く、確実に記入ができる。確認もしやすい！

小さなスケジュール帳では、こうはいきません。前述したように、情報＝メモがあちこちに散らばっていることは、手間につながります。言葉を変えれば、生産性を落としてしまう。できるだけ、**情報がある場所は集約させたほうがいい**。それが手間を防ぎ、無駄を省いてくれるのです。

☑ 重さ以上に、使いやすさに軍配

　先にも述べたように、私はＡ４サイズの手帳をずっと愛用しています。以前はシステム手帳を使っていたのですが、たまたま入ったイタリアのファッションブランドの店に、Ａ４サイズのレフィルが入った光沢のある革製の手帳カバーが売っていたのです。

　一目惚れでした。ブランドもので、レフィルもかなり高

[　Ａ４サイズのスケジュール帳のメリット　]

価だったのですが、6年は使ったと記憶しています。

　しかし、ファッションブランドの店だったこともあり、レフィルの発売を突然、やめてしまいました。それで、お気に入りの革のカバーも使えなくなってしまったのです。

　ただ、このときに、大きな判型のスケジュール帳がいかに便利か、ということを知りました。大きいので見やすい。スケジュール部分にたくさん情報を書くことができる。左ページがスケジュール、右ページはメモができる罫線入りのフリースペースで、ここにたっぷりメモが書ける。この手帳を使っていたのは、連載を月15本ほど持っていた、人生でもっとも忙しい時期でした。乗り切れたのは、この手帳でスケジュールがしっかり管理できていたからです。

　Ａ４サイズのスケジュール帳には、ひとつだけネックがあります。判型が大きいだけに、どうしても重くなってしまうということです。私が持っていたものは、革のカバーつきでしたから、余計に重量がありました。

　ですから、できるだけ薄いものを選ぶといいでしょう。分厚いものは、どうしても重くなりがちです。とはいえ、実際に使ってみると、使い勝手のよさが重さというデメリットを解消してくれるはずです。

> **まとめ**
> Ａ４判のスケジュール帳に、たくさんの情報を書き込み、予定をしっかり管理しよう。

デスクワークも
スケジュールに加える

　どうしてA4サイズのスケジュール帳にこだわるのか、の理由でもあるのですが、そもそもスケジュールというものを勘違いしている人が少なくないと私は感じています。

　というのも、**スケジュール帳に、人に会う仕事や会議しか書いていない人が多い**のです。誰に教えられたわけでもないのに、スケジュールにアポイントと会議しか書かない。

　しかし、よく考えてみてほしいのですが、仕事はアポイントと会議だけで成り立っているわけではありません。

　デスクワークも、とてもとても大事な仕事。職種によっては、こっちのほうが時間を費やす仕事でもあるのです。

　アポイントと会議しかスケジュール帳に書かれていないというのは、何を意味するのか。端的に**アポイントと会議しか、時間をコントロールできていない、**ということです。

☑ 毎晩、仕事が遅くなってしまった理由

　実際、こんなことがありました。若いライターの方が、とても忙しいとおっしゃる。聞いてみれば、仕事量は私の半分ほど。まだキャリアも浅いので、それは仕方がないと思いつつも、なんとも大変そうでした。

　スケジュール帳を見せてもらって、得心しました。アポ

イントと会議しか、記入されていなかった。

午前10時から11時までの打ち合わせの次は、午後2時から3時までの打ち合わせ。次が午後5時から6時まで。打ち合わせと打ち合わせの間が中途半端に2～3時間しか空いていないのでは、まとまった仕事ができません。だから、夜戻ってから原稿を書いていた、というのです。

それで、どうしてこんな予定の組み方になっているのか、聞いてみました。すると、こう言ったのです。

「空いている時間に入れました」

なるほど、と思いました。その人にとっての**空いている時間とは、スケジュール帳に予定が書かれていない時間**だったのです。たしかにそこに予定は書かれていませんでしたが、仕事がなかったわけではありません。原稿を書く仕事があったはずなのです。

[デスクワークの時間が書かれていないスケジュール]

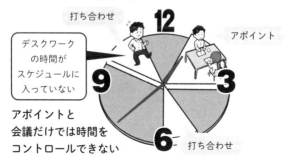

ところが、「スケジュール帳に入っていない時間は空いているのでどうぞ」と相手に言ってしまっていた。要するに、**自分で時間のコントロールができていなかったのです。**

　もしこの人が、アポイントと会議の時間以外に、「デスクで原稿を執筆する時間」もきっちりスケジュール帳に書き込んでいたなら、仕事先に対しても、本当の意味で空いている時間を提示できたのではないでしょうか。

　デスクワークもスケジュール帳に書き込んでみると、空いている時間はおのずと限られてきます。

　逆に言うと、**デスクワークをスケジュール帳に書き込んでいないと、自分の時間は本当はいつ空いているのか、コントロールできなくなる**ということです。

[デスクワークの時間が書かれたスケジュール]

☑ 何もしていない時間など、ないはず

そしてもうひとつ、スケジュール帳には、日々のスケジュールをコントロールする以外に、**「そういえば、このころはどんな仕事をしていたのかな」という風に、あとから仕事を振り返ることができる**という利点があります。

ところが、スケジュール帳にアポイントと会議しか書いていなかったとしたらどうでしょうか。どんな仕事をしていたのか、まるでわからなくなります。これでは、スケジュール帳としての利点は半減です。

アポイントや会議だけが、仕事の予定ではありません。

デスクワークもしっかり書く。そのためにも、書き込めるスペースが必要になる。だから、Ａ４サイズのスケジュール帳が役に立つのです。デスクワークもしっかりスケジュール帳に書いておけば、本当にやるべきすべての予定が見えてきます。

それこそ、もしスケジュール帳に空欄があったら、おかしいということです。**何もしていない時間など、実際にはありません。**そうであるならば、すべての時間に何かしらの予定があるはずなのです。

> **まとめ**
> 時間管理のため、スケジュールには
> デスクワークなどの予定も書き込もう。

すべての仕事は
1時間ずつ分割する

　デスクワークもスケジュール帳に書き込む。そのために、私が取り組んでいたことがあります。

　大量の仕事をいつも引き受けていた私は、やがて**すべてのスケジュールを1時間単位で組む**ようになりました。そのほうが、スケジュール管理がしやすいからです。

　これには、中学時代のひとつの気づきがありました。

　中学になると、科目数が多くなります。1学期の定期試験が始まるとき、どうやって勉強をしていいのかわからず、戸惑ったのです。一夜漬けではまず無理な量です。

　このときまず考えたのは、試験までいったいどのくらいの時間があるのか知りたい、ということでした。トータル時間がわからなければ、何をどのくらい勉強するのか、時間配分もできません。それを把握するために思いついたのが、**時間割をつくってみること**だったのです。

　試験期間中はクラブ活動がなくなるので、平日は夕方4時には家に帰れる。夕食が始まる7時までに3時間。夕食後、8時から11時までの3時間。要するに1日6時間、勉強に充てられるということです。

　土曜と日曜は午後から組み、すべての時間を1時間単位で算出したら、合計何時間勉強できるか見えてきたのです。

☑ 試験勉強も「時間割」をつくって管理するとラク

　問題は、それぞれの科目にどれくらいの時間をかけるか、です。重要科目は、英語、数学、国語ですから、多めの時間を組む。理科や社会はその次に重要。ほかの科目は直前の1時間くらいでも大丈夫だろうと考えました。

　そして、自分で定規を引いてつくった時間割に、それぞれの科目を1時間ずつバラバラに入れていきました。これで、スケジュールは完成です。あとは、この予定通りに勉強をしていけばいい。英語が7コマあるとすると、それぞれのコマで何をしなければいけないのかを考えていく。そのスケジュールにそって勉強を進める。

　定期試験が近づくと、私はこの時間割を真っ先につくりました。時間割をつくってしまえば、あとはこなしていくだけです。**試験が近づいても、まったくストレスはありませんでした。なぜなら、書かれたスケジュールをこなせばいいだけだからです。**

　この「時間割勉強法」はとても効率的だと思いました。やらなければいけないことは期日までにちゃんとできる。徹夜のような無理もしなくて済む。

　私の仕事スタイルは、まさにこれが原形になっています。

☑ 仕事は1時間に小分けしてスケジュール帳に

　私はどんな仕事もいきなり手をつけずに、まずは**仕事を1時間ずつ「小分け」**します。

例えばインタビュー原稿をつくる場合、下図のように、移動時間も含め7時間ほどかかることがわかります。すると、「小分け」された「移動時間」「取材」「移動時間」「録音データチェック」「構成案作成」「ざっと原稿執筆」「推敲」をいつやるか、それぞれスケジュール帳に書き込むのです。

　企画書づくりなら、「資料集め」「骨子づくり」「仕上げ」で1時間ずつ。講演用のスライドなら、「要素出しのまとめ」「構成」「スライドづくり」で1時間ずつ。こんなふうに、すべての仕事を1時間の仕事に分割していきます。

　その上で、締め切りまでの空いている「時間割」の中に放り込んでしまう。**スケジュール帳に書かれた「時間割」通りにやれば、確実に仕事は終わる**、というわけです。

[　仕事を分割する考え方　]

このとき、違う仕事の「資料集め」を2時間まとめてやってもいいし、「ざっくり原稿執筆」（これを私は「粗々で書く」と呼びます）を2本、一気にやってしまってもいい。

間違いなく言えるのは、こうして「小分け」してスケジュール帳に書いてしまえば、あとはその通りにやればいいので、「あれをやらないといけなかった」などと追い詰められることはなくなる、ということです。

私が仕事に追われないのは、そのためなのです。

☑ アイデアはデスクでは考えない

ちなみにこれはあとで詳述しますが、「アイデアを出す」「構成要素を出す」「企画を考える」といった仕事は、スケジュールには組み込みません。

1時間考えたところで、出てくるものではないからです。最終的にまとめる時間を1時間はつくりますが、あとは移動中などに考えています。

むしろ、デスクに座ってウンウンうなっても出てこないアイデアが、電車の中で突然、思い浮かんだりします。

考え込むものは、デスクではやらない。それは時間が奪われるだけだから。私が心がけていることです。

スケジュールを組むときは、
仕事を1時間ずつ小分けして考えよう。

Technique 15 「かかった時間」もメモすればあとで役立つ

　アポイントや会議の時間だけでなく、デスクワークもスケジュール帳に書いたほうがいいのは、もうひとつ理由があります。計画的に動くことができるようになって、無駄な時間を減らせるからです。

　ある経営者が面白いことを語っていました。手帳にアポイントと会議の予定しか書いていない人は、明日からスケジュール帳の何も書いていないスペースに、**「やった仕事」を書いていくといい**。それを1週間続けてみなさい、と。

　実際、経営者自身が若いころにこれをやってみて、驚いてしまったのだそうです。何をやっていたのか、よくわからない時間がたくさん見つかったからです。おまけに、資料を調べるついでにネットやSNSに夢中になってしまい、時間を大きくロスしていた日もあったのだそうです。

　つまり、計画をしっかり立てていないと、なんとなくダラダラ時間が過ぎてしまう可能性があるということです。それが原因で、その日の仕事が終わらずに残業しなければいけなくなってしまった、なんてことにもなりかねません。

　仕事を「小分け」して、1時間ごとにスケジュール帳に書き込んでいくことによって、そうしたロスは減らすことができるというわけです。

☑ 25分に5分休憩の「ポモドーロ・テクニック」

そもそもスケジュールをしっかり組んでいれば、その時間内にやるべきことをやらなければなりません。ボーッとしているわけにはいかない。**集中せざるを得なくなるのです。**1時間しかありませんから、集中していないと、予定の仕事を終えられません。次の仕事に移れないのです。

一方、スケジュールを組んでいないと、「もうちょっと時間をかけてもいいかな」となってしまう。集中力を欠いたまま、ズルズルと後ろ倒ししてしまうようなことにもなりかねません。

1時間では長すぎる、と思うなら、30分にしてもいいと思います。**どんな仕事も30分単位で分割し、「25分作業、5分休憩」を1クールとして繰り返す。**最大で4クールを終えた段階で15〜30分のリフレッシュ休憩を織り交ぜる**「ポモドーロ・テクニック」**という方法もあります。

[確実に仕事をこなす時間管理術]

ポモドーロ・テクニック
1. 25分間、タスクを行う
2. 5分休憩する
3. ①〜②を4回繰り返す
4. 長い休憩(15〜30分)をとる

タスク **25分**

休憩 **5分**

時間のロスがなくなり仕事がはかどる

☑ 1週間で数時間はバッファーを

　1時間でも30分でもいいのですが、とにかく仕事を「小分け」にして分割して管理し、スケジュール帳にしっかり記入するのです。デスクワークも予定に組み入れること。

　メールの処理をする、お礼の手紙を書く、請求処理をするなど、細かな仕事はまとめて1時間にすればいい。

　そうすることで、「今日は何をするんだったかな？」「何から始めて、どこまでやるんだっけ？」ということがなくなります。効率的で密度の濃い、充実した1日を過ごせるはずです。そして、トラブル対応など、突発的なことが発生したときのために**1週間で数時間はバッファーとして余裕を持っておきます**。急用ができたら、スケジュールを急ぎでないものから組み替えていけばいいのです。

　1時間に「小分け」したスケジュールをこなしていくときにはもうひとつ、**それにかかった正確な時間を記入しておく**といいでしょう。1時間はかかるかな、と思ってやってみたら、案外早く終わった、ということもあるかもしれません。逆に、思った以上に時間がかかって、予定をオーバーしてしまうこともありえます。

　その場合は、次に同じ事態にならないよう、かかった時間を記録しておくのです。そして、似た案件を「小分け」にするときに、実際にかかった時間でスケジュールを管理していくのです。

☑ 時間の見積もり力を高めてくれる

私は、**仕事力とは見積もり力**だと思っています。仕事を与えられたとき、どのくらいの時間がかかるか、すぐに判断できる力です。この力がないと、その仕事を引き受けられるかどうかも、実は判断ができません。受けてしまったあとに、大変な状況に追い込まれるかもしれない。

もちろん、誰でも最初から見積もり力があるわけではありません。少しずつ経験を積み重ねて、「この仕事はこのくらいかかるんだな」と理解をしていくのです。

このとき、**きちんと過去の経験を記録できていれば、見積もり力がアップする**ことは言うまでもありません。また、仕事を「小分け」に分割していく経験も、見積もり力を高めてくれます。

ちなみに私の場合は、1時間かからずに終われば、次の仕事に取り掛かるようにしています。そうすることで、仕事のスピードも早まります。また、余った時間を蓄積して、好きなことができる自由時間を増やしていくのです。

自由時間を得るために、集中して頑張る。これもまた、仕事の効率を高める上で有効な考え方です。

> **まとめ**
>
> 「やった仕事」と「かかった時間」を記録し
> 時間を正確に見積もる力を鍛えよう。

Technique 16 今日やるべきことは「ToDoリスト」で管理する

　スケジュール帳に「小分け」した1時間ごとの仕事を書き込むのとは別に、今日やるべきことについては、**「ToDoリスト」をつくっておく必要があります。**

　仕事は大きく**3つの時間軸**が走っていると私は考えています。**数カ月以上の長期のターム。数日から数週間の中期のターム。そして、今日という短期のタームです。**

　スケジュール帳に日々、書き込む「小分け」仕事は多くが中期タームのもの。もちろん、これも確実に進めていかなければならないわけですが、一方で大事になってくるのが、短期タームの細々した「やるべきこと」です。

　例えば、取引先に頼まれていた資料を宅配便で送る。これは、1時間の「小分け」仕事には入りません。しかし、忘れてはならない大事な仕事です。そしてこういう仕事こそ、意外に「うっかり」が起きる。なぜなら、「忘れないだろう」と油断するから。しかし人間は、忘れるのです。

☑ ちょっとした約束も必ずメモ

　忘れるのが当たり前だと思えば、しっかりメモに残しておく必要があります。それこそが、ToDoリストです。
　いつまでに、何をやらなければいけないか、しっかりメ

モしておく。「取引先のAさんにメールをする」といった、**一見小さなことに思えるToDoも必ずメモしておくのです。**

A4サイズのスケジュール帳を使えば、右側はフリースペースですから、ここに曜日ごとのToDoを書き込みます。

頼まれることもそうですが、「あ、これをやっておかないといけないな」と思い浮かぶこともあります。そうすると、該当する曜日の横のToDoリストに加えるのです。

例えば、書籍の出版契約書。封を切ったまま、「あとで署名しよう」と放置しておくと、必ず忘れてしまいます。

また、メールで「書籍に掲載するプロフィールを送ってください」と頼まれて、その場では覚えていても、しばらくすると、すっかり忘れてしまいます。だから、こういうこともToDoリストに加えるのです。

締め切りのあるものは、締め切りを意識してやる日を決めます。締め切りのないものは、近日中のToDoに入れるのです。

[ToDoリストの書き方]

うっかり防止

- □ 資料を宅配で送る
- □ Aさんにメールする
- □ ペンを買い足す

ノートの空き
スペースに書く

☑ うっかりメモは、書く場所を決めておく

　駅まで歩いて行く途中に突然、「あ、そういえばＡ４のコピー用紙を発注しないと」と思い出すことがあります。あるいは、プライベートなお使いを家族に頼まれることもあります。これも必ずメモして、ToDoリストに入れます。ただ、思い出したり頼まれたりしても、それをいつやるべきか、瞬時には判断できない場合もあります。**そこで私は、そういうメモだけが集まる欄をつくっています。**

　スケジュール帳の右ページ、フリースペースの右上にあるスペースです。フリースペースは左側の曜日に合わせてToDoリストを書いていきますが、いちばん上のスペースが空いているので、その右端にメモをします。そして、時間のあるときに、各曜日のToDoに落とし込んでいきます。これで、うっかりを防ぐことができる、というわけです。

☑ 更新しやすいシンプルなToDo管理

　最近は書籍執筆の仕事が増え、昔ほどスケジュールが複雑ではなくなったので、ToDoはパソコンで管理しています。専用ソフトなどは使わず、Mac標準の付箋アプリ「スティッキーズ」に、やるべきことを書き込むだけ。

　やり終えたものと、これからやるものの間には、2行ほどのスペースを空け、やるべきことが終わったら、上に並んでいるすでにやり終えたものの一番下にくっつける。

　やらないといけないことが浮かんだら、どんどん追加し

第 2 章 とにかくすぐに記録する！ 段取りメモ

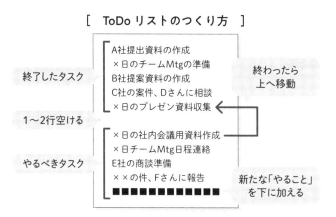

ていき、やり終えたら上に加えていく。この繰り返しを日々、やっています。とてもシンプルな ToDo 管理です。

付箋アプリの利点は、**すべてのタスクが一覧で見える化できる**こと。ただ、いつやるかがわかりにくい。そこで、やらなければいけないことが増えてくると、タスクの右側に「いつやるか」を記入して、コントロールしています。

ただ、タスクがたくさん増えてくると、一覧するだけでも大変です。その意味では、やはりスケジュール帳のフリースペースを使って、ToDo を管理するのが理想的です。

細かい仕事、ちょっとした約束事を
ToDoリストにして管理してみよう。

「ToDoリスト」にチェックボックスをつくる

ToDoリストは、できるだけ細かく具体的であることが大切です。「メールを送る」ではなく、「誰にどんな用件でメールを送るのか」まで書く。「宅配便を送る」も、「誰に何を送るのか」まで書く。時間指定があれば、それも記す。

アポイントの際の持ち物も、忘れずに書きます。どの書類が必要なのか、前回頼まれたものはないか。

とにかく細かく具体的にするために、ToDoリストは前日の夜に見直します。抜けや漏れはないか。それがそのまま翌朝からの仕事の効率や確実さにつながっていきます。

そして、ひとつポイントになるのが、「□」などの**チェックボックスをつくっておく**ことです。ToDoリストに並べられたもののうち、終わったものは、チェックボックスに「✓」を入れるなり、塗りつぶすなりする。

私は「□」を塗りつぶして「■」にしています。これは、実行したかどうかの抜け漏れ防止以外に、「これを終えた」という**小さな達成感を得る効果**があるのです。

☑ 塗ることが、モチベーションアップにつながる

私の場合、ToDoリストはスケジュール帳の右側、空いたスペースに書いていますが、左側のスケジュール欄に書

いている「小分け」仕事も、ToDoリストに加えています。

その日に何をやるのかは、左のスケジュール欄にあるのだから、ToDoリストにわざわざ加えなくてもいいのでは、と思われるかもしれませんが、私はあえて入れるのです。

これも、達成感が得られるからです。ToDoが多ければ多いほど、たくさんチェックできることになります。これが、なかなか楽しいのです。小さなことですが、こういう些細なことが、仕事のモチベーションを高めてくれます。

とくに私のようなフリーランスは、ひとりで仕事をしているので、褒めてくれる存在はいません。誰も私のモチベーションを上げてくれない。となれば、自分でマインドをしっかりコントロールして、何かをモチベーションにつなげるしかありません。そんなとき、**チェックボックスのようなささやかな達成感が、大きな意味を持ってくる**のです。

[　**ToDoリストでモチベーションを高める方法**　]

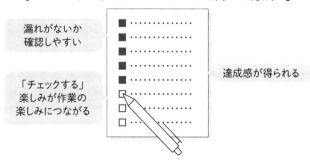

漏れがないか確認しやすい

「チェックする」楽しみが作業の楽しみにつながる

達成感が得られる

☑ 中期・長期のタームもスケジュール帳で管理

　先に、仕事には大きく3つの時間軸が走っていると述べました。ToDoリストは、短期のタームといえますが、スケジュール帳の「小分け」仕事のような中期のターム、さらには**長期のタームについても、私はスケジュール帳でコントロールしています。**

　例えば今週、インタビュー原稿の仕事が入っていて、小分けした仕事がスケジュール帳に入っているとします。締め切りは来週です。小分け仕事という短期の仕事は、スケジュール帳に書かれていますが、来週の締め切りという中期のタームについてもメモをしておかなければなりません。

　そこで私が使っているのが、**スケジュール帳の右側にあるフリースペースの右下**です。左ページの下側は、土日のタイムスケジュールを書く欄です。土日は仕事をしませんから、右側のスペースはToDoリストにも使いません。そこに、スペースがしっかりあったのです。

　右下から「○○社長のインタビュー原稿　締め切り×日」などと、中期タームの仕事のリストを並べます。そうすることで、**1日の予定という短期タームと、週間のような中期ターム、両方を意識できる**というわけです。

　さらに、数カ月から半年にわたる長期タームの仕事が入ったら、4週間に一度、その欄に書いておくようにします。そうすれば、長期の仕事も忘れません。

第2章 とにかくすぐに記録する！段取りメモ

[中期・長期の仕事も管理する ToDo リスト]

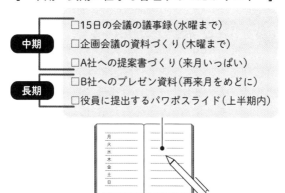

そして当然ですが、中期タームの仕事リストにも、チェックボックスをつけておきます。1本、原稿が終わるたびにチェックボックスを塗っていく。これは、大きな達成感となります。

中期タームのリストには、実はもうひとつ、請求書を送るという項目をつくっていて、請求書を送ったらチェックボックスを塗りつぶしていました。フリーランスの仕事は、これでようやく完結となるのです。

> ToDoリストにチェックボックスを
> 設け、塗りつぶす楽しみを味わおう。

Technique 18 「準備メモ」をつくれば聞き漏らさない

ToDoリストをつくるとき、アポイントに関しては別の準備も必要になります。それが「**準備メモ**」です。アジェンダ、と言い換えてもいいかもしれません。

例えば、打ち合わせや会議に臨むとき、何も準備をしないで行ってしまうと、「あ、あれを聞くのを忘れた」「あれを確認していなかった」ということになりかねません。

そこで、アポイントのときには、必ず「準備メモ」をつくるようにしているのです。聞いておかなければいけないこと、お願いしておかなければいけないこと、確認しておきたいことなどを一覧にして、メモにしておきます。

忘れないだろうから、その場で聞けばいいや、などと思っていても、間違いなく忘れます。忘れてしまうのです。

だから前もってメモしておく。前日までに「準備メモ」の内容を考えて、ToDoリストをつくるときに、一緒に書き込みます。難しいことではありません。アポイントに向かうとき、あるいは会議に行くときには、「自分自身が何をするか」いくつかポイントがあるものです。

それを確実に自分の中にインプットしておくためにも、事前に準備する。「準備メモ」は、何日も前から少しずつつくり始め、当日までにしっかり仕上げるといいでしょう。

第2章　とにかくすぐに記録する！段取りメモ

[「準備メモ」のつくり方]

□制作担当者のご紹介
□企画の説明
□取材対象者の候補
□撮影の内容
□取材日程

聞き漏らし、伝え忘れを防げる

　長いメモにする必要はありません。**聞いておきたいこと、確認しておきたいことなど、箇条書きでさらりと書いておく**だけで十分です。

　5つほどの「準備メモ」なら、ToDoリストの脇に書いておきます。また、取引先や会議で広げることを考えると、仕事系ノートに書いておくと、「準備メモ」を見ながら臨むことができます。

　メモが長くなるようであれば、私はメールにしています。ミーティングのアジェンダなどは、メールで相手に送ってしまうのです。そうすることで、お互いに事前に「準備メモ」を共有することができます。

☑ インタビューでは「準備メモ」は必須

　取材をして原稿を書くという私の仕事では、「準備メモ」の重要性はさらに高まります。インタビューに向かうとき

には、何を聞かなければいけないか、必ず**事前に取材内容を項目化して準備している**からです。

とくにはじめてお会いする取材対象者の場合、どんなインタビューになるか、その場にならないとわかりません。ひとつの質問に対してよくしゃべる人だと、必要なことが最後まで聞けなかった、ということにもなりかねない。

取材時間は限られていますから、その時間内に確実に聞いておかなければなりません。そのためには、時計を見ながら、取材内容をコントロールしていく必要があります。

このままだと時間が足りないぞ、と思えば、「準備メモ」を見て、優先順位を考えて質問の順番をその場で変えたりする。絶対にはずせない内容を、しっかり聞くのです。

逆に、質問をしても、一言、二言しか返ってこない、という寡黙なタイプの人もいます。こうなると、途中で質問が止まってしまう、という恐怖の瞬間も起こりえます。

だから、やはり事前にしっかり質問を準備しておくことが有効なのです。

☑「幹」の質問、「枝葉」の質問を用意する

難しいのは、ただ質問を用意しておけばいい、では済まないこと。例えば、1時間のインタビューで30も質問を用意したら、一問一答にわずか2分。こんなに聞けません。

一方で、相手が寡黙な人で、準備した質問が少なすぎると、聞きたいことが聞き出せませんし、間も持ちません。

第2章 とにかくすぐに記録する！段取りメモ

[「幹」の質問と「枝葉」の質問]

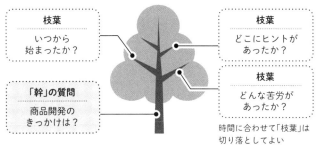

　私はこれまで3000人以上にインタビューをしてきましたが、相手の答え方は本当に人それぞれ。ですから、その場で臨機応変に対応しなければいけません。

　そこで私がやっているのが、**「幹」の質問と「枝葉」の質問の両方を用意する**こと。1時間なら大きな枠組みの質問を6〜8つほど用意する。これが、「幹」の質問です。

　これとは別に、「幹」の質問に関連した質問を2、3ずつ用意しておくのです。これが、「枝葉」の質問です。

　「幹」の質問だけで取材が成立するようなら、そのまま進めますが、難しい場合は「枝葉」の質問も繰り出してインタビューしていく。これは、商談でも使える手法です。

> **まとめ**
> 会議や打ち合わせは「準備メモ」を用意し
> 自分がすべきことをインプットしてから臨もう。

Technique 19

大きな仕事は「やるべきことリスト」で着実にこなす

例えば、半年後にイベントの開催が決まり、自分が担当することになった。こういうときは、**「やるべきことリスト」**が、極めて有効です。大きなイベントでは、やることがたくさんあるので、それらをすべて書き出していくのです。

ただ、注意しなければならないのは、**やらなければいけないことを漏れなく洗い出すのは、実は簡単ではない**、ということ。「あ、あれもやっておかないと」「これもあるじゃないか」と、やるべきことが次々に浮かんできます。

大切なのは、時間をかけてつくっていくことです。一度にリスト化するのではなく、思いついてはメモし、思いついてはメモし、とリストを少しずつ完成させていくのです。

[「やるべきことリスト」のつくり方]

やるべきことをノートに書き出す

思いついたときにスマホにメモする

やるべきことを漏れなく思い出せる

イベント本番

つまり、リストの作成に時間をかけるのです。そのためには、思い浮かんだらすぐにメモできるツールが必要。というわけで、私はスマホを活用しています。

☑ イベントから引っ越しまで

先に、スマホのメーラーの下書きにいろんなメモが入っていると述べましたが、**メーラーの利点は、タイトルがつけられること。それによって、検索ができることです。**

タイトルをつけておいて、思いついた「やるべきこと」をどんどん書き込んでいくのです。ずっと考え込んでいなくても、何かの拍子にポロリと「あ、これも必要だ」と思いつくことがあります。そのたびごとに、メモします。

半年先のイベントであれば、それほど急がなければいけないわけではないはず。まずは2週間ほどかけて、最低限の必要なものをリスト化し、できる準備から進めていく。そして残り2週間ほどかけて、リストを完成させていきます。**短時間でリストをつくり終えようとすると、漏れが出ます。時間をかけて考えることが有効です。**

イベントに限らず、プライベートの引っ越しでも、リスト化が有効なケースは少なくありません。

大きなプロジェクトは、時間をかけて「やるべきことリスト」をつくろう。

MEMO BEST METHOD
第2章のまとめ

- ☑ ペンは常にバッグの中に3本用意しておこう。

- ☑ 仕事を1時間ずつの作業に小分けしてスケジュールを立てよう。

- ☑ スケジュール帳には、デスクワークの予定も書き込もう。
  また、それぞれの仕事にかかった時間も記録しておくと、あとで役に立つ。

- ☑ 今日やるべきことはToDoリストに書き込もう。
  これはパソコンで管理してもいい。

- ☑ 会議の前には「準備メモ」、
  大きなプロジェクトに向けて
  「やるべきことリスト」をつくろう。

第3章

A4ノートに記録する!

要約メモ

Technique 20 スケジュール以外はぜんぶ「仕事系ノート」へ

　スケジュール帳があるのに、なぜわざわざ仕事系ノートにもメモするのか。しかもA4サイズのノートで。

　それは、スケジュール帳のフリースペースにメモをとるには限界があるからです。また、メモをあちこちに殴り書きするようなことを防げるからです。

　スケジュール以外は仕事系ノートに、と決めておけば、ノートのどこかに必ずメモが残っています。「あれ、どこにメモ書いたかな」を防げるわけです。仕事系ノートには、仕事の指示の内容、会議のポイント、さらには取引先との打ち合わせ、チームでのプロジェクトミーティングの内容など、仕事上の様々なメモを記していきます。

　取引先ごと、プロジェクトごとにノートをつくるという方法もなくはありませんが、そうするとすべてのノートを持ち歩かないといけません。1冊にすべてメモしておけば、その1冊だけを持っておけばいいのです。

☑ パソコンにメモするリスク

　いつもパソコンを持ち歩いているなら、パソコンにメモしておくという方法もありますが、パソコンのメモで怖いのは、先にも少し触れた、「あのメモ、どこに行ったか

第3章　Ａ４ノートに記録する！要約メモ

な？」となってしまうこと。パソコンには大量の情報が詰まっていますし、毎日のように情報は増えていくので、意外に迷子になってしまいがちなのです。

フォルダにタイトルをつけてツリー状に管理するなど、方法がないわけではありませんが、あまりにフォルダの量が増えてしまい、私は管理をギブアップしてしまいました。

それに、**パソコンでメモをつけていたら、パソコンを持っていないときにはメモが見られません。**

タブレットPCやスマホであれば、どこにいてもクラウド上の保存データを引っ張り出せるという利点があるので、私もデジタルツールを使ったりはします。でも、それはあくまでサブの手段にしたほうがいいでしょう。**利便性、管理のしやすさという点において、デジタルツールは手書きのメモに及ばないからです。**

[　１冊のノートに情報をまとめる　]

- ●仕事の指示内容
- ●会議の要点
- ●取引先との打ち合わせの内容
- ●チームMtgの内容
- ●思いついたアイデア
- ●感想や課題

必要な情報をすぐに取り出せる

☑ タイトル、日付、場所は必須

仕事系ノートの表紙には、年月と通し番号を書きます。 2025年の4月からスタートするのであれば、「2025年4月①」という具合です。ノートが終わったら、次のノートにまた通し番号をつけます。私の場合は取材にも使うので、ノートはあっという間に終わりますが、厚いものを選べば、1年に2、3冊ほどで収まるでしょう。A4ノートは書くスペースがたくさんあるので、意外にもつのです。

ページを開いてまず書くのは、「**タイトル**」「**日付**」「**場所**」です。「A社打ち合わせ」「2025年4月15日」「A社新宿本社」といった具合です。1つのタイトルで1ページ以上は使います。**メモがページの途中で終わっても、次の打ち合わせではページを変え、あらためてタイトルを書く。**

余ってしまったスペースはもったいないですが、別の内容を続けて書くと、タイトルが埋もれてしまいます。タイトル、日付、場所は必ずページの上に書くようにしておくことで、タイトルが埋もれるのを防ぎます。

☑ 付箋を使えば検索性が高まる

タイトルごとに付箋をつけると、メモの検索がしやすくなります。 A社は青、B社はピンクなど、社名やプロジェクトごとに付箋で色分けすれば、わかりやすいでしょう。

面倒くさがりの人は、「とくにこれは大事だな」「覚えて

おいたほうがいいな」と思えるタイトルのページに付箋を貼って、当該部分に印をつけておくくらいでも十分です。メモは日付順に書かれていて、タイトルもありますので、ページを追ってメモを探していくのは、それほど難儀ではないはず。自分のやりやすい方法でいいでしょう。

ちなみにスケジュール帳もそうですが、使い終わったノートをストックしておくかどうかは、個人の判断です。

私はそもそも膨大な量の資料にいつも囲まれているので、3年経ったものはためらうことなく処分します。

ストックする場所がある方は、自分の仕事やプライベートが書かれたノートは一生の記録でもありますし、捨てずにとっておくのも価値のあることです。

[ノートの検索性を高める方法]

まとめ

仕事系ノートは、タイトル、日付、場所を必ず書き、内容が変わったらページも変えよう。

手書きのメモには意外なメリットがある

　どうしてパソコンではなく、手書きにこだわるのか。前述の通り、手書きにはいくつもの効能があるからです。

　まずは、すばやく書けること。ペンがあって、ノートがあれば、あっという間にメモが書けてしまう。これは、手書きの最大の利点です。パソコンも便利ですが、キーボードに打ち込む手間がありますし、いちいち漢字に変換するのも面倒です。手書きほど早く書けるかどうか。やはり**すばやくメモするには、手書きのほうが優れています**。最近は、スマホの音声入力でメモする人もいますが、やはり手書きのスピードにはかないません。

☑ 手を動かすから記憶が定着する

　もうひとつ、手書きの効能として**記憶が定着する**と言われています。これは私自身、受験の成功体験があります。

　英語や日本史は、ただ読んで覚えるのではなく、ノートに手書きして覚えていました。英語や日本史は得意科目でしたが、おそらくこの勉強方法がよかったのだと思います。

　書くという行為は、手を動かす身体的活動です。書くという行為を、脳が見ています。脳の中に浮かんだ文字があり、さらに身体的活動があって、加えて書き上がった文字

第3章　Ａ４ノートに記録する！要約メモ

[　記憶が定着されるしくみ　]

1 考える
2 書く
3 見る

脳は３回
文字に接している

↓

手を動かして
可視化することで
脳に刻み込まれる

がある。脳は３度、その文字に接することになる。これが、手書きが記憶を定着させる理由なのだと思います。

☑ グラフにすれば、一目瞭然

　手書きメモの効能のもうひとつは**図や絵を描きやすい**、ということです。メモといっても、何も文字を書くだけではありません。図式や絵も積極的に使いましょう。

　例えば、各社の製品シェアを比較する場合、各社の数字が並んでいるだけの場合と、円グラフで描かれている場合では、後者のほうが会社ごとのシェアにどのくらいの差があるか、一目瞭然ですね。

　数字だらけの資料をもらったら、自分で仕事系ノートにグラフにしてみればいいのです。そうすることで、理解も記憶もしやすくなります。

☑ ホワイトボードの図もすぐメモできる

　会議でホワイトボードに図が描かれることがあります。それをパソコンでメモするのは、なかなかに難儀です。しかし、手書きでノートに書き写すなら、造作もありません。

　今は、図や絵が描けるタブレットなどもありますが、手書きのほうが、やはり簡単でラクチン。図や絵を描くという点でも、Ａ４サイズはとても便利です。

　メモをとりながら、「これはこういう図にできるのではないか」「こういう絵で説明するともっとわかりやすいのでは？」などと考えることも大切。自分が説明する立場になったとき、うまく図を描く力が、大いに活かせるからです。

　また、会議で議論が行き詰まったとき、図を描いて整理していくと、問題が解決することがあります。ノートなら、その場で図を描いて相手に共有することもできます。

[　ホワイトボードとノートの親和性　]

ノートに図を描くことで新しいアイデアが浮かぶことも

スペースが広いのでホワイトボードの内容をそのまま写せる

☑ 手書きメモを写真に撮ってデジタル化

　手書きの効能はわかる。それでも、パソコンを活用したい、という声が聞こえてきそうです。

　そういうとき、おすすめしているのは、**手書きで書いたものを写真に撮ってデジタル化してしまう、**という方法です。写真にタグをつけておけば、検索することもできます。また、メールで自分宛に送って、タイトルを検索できるようにしておいてもいいでしょう。

　ただし、デジタルで保管したいがために、余計な手間をかけるのは本末転倒です。個人的には仕事系ノート１冊にまとめていれば、それで十分だと思います。これさえ見ておけば大丈夫というものがあるだけで、とても効率がいいからです。

　手書きメモの唯一の難点は、数年前のメモは必要なとき手元にない可能性がある、ということでしょうか。

　そこは、何年もさかのぼって検索できるパソコンに保存するほうが利点が大きいかもしれません。

　その場合は、重要なものだけ、写真に撮ってデジタル化しておく、という方法も有効でしょう。

> **まとめ**
> 記憶を定着させるため、ノートに手書きし
> 資料に書かれたデータも図式化してみよう。

メモすれば仕事の ポイントが見えてくる

これまで3000人以上にインタビューしてきた経験から、メモの取り方について聞かれることも多いのですが、ひとつ言えるのは、「メモする前の準備が大事」ということ。**「このメモは何のためにとるのか」**を考えることです。

取材の現場で、ただ漫然と聞いていたら、メモのとりようがありません。すべての内容をメモしなければいけなくなる。そんなことはできないので、ポイントだけをメモするわけですが、そこで意識するのが、「**目的**」です。すなわち、**この取材は何のために行われているのか**、です。

例えば、経営者のインタビューで、「20代の若手ビジネスパーソンに向けた、いい仕事をするヒント」が目的だったらどうでしょうか。時間の使い方、取引先との付き合い方など、あなたも、メモのイメージが湧いてきませんか。医師へのインタビューが、「心疾患にかからない生活習慣」という目的だったら、食事、運動、睡眠についてなど、メモの内容がとてもわかりやすくなるはずです。

☑ 仕事の目的を頭にイメージする

仕事系ノートでメモをとるとき、「メモがうまくとれない」「ポイントがうまくつかめない」のは、「何のためにメ

モをとる必要があるのか」がぼんやりしているからです。

　メモをとり慣れている私でも、目的がはっきりしていなければ、何をメモしていいのか、わかりません。

　しかし、**打ち合わせでも会議でもミーティングでも商談でも、その場がセッティングされている目的があるはずです。それをしっかり理解して臨むことです。**

　そうすることで、メモのポイントが見えてくるのです。それだけを、コンパクトにメモすればいい。

　例えば、営業会議に出たとする。会議には必ずアジェンダがあります。そのアジェンダを意識して話を聞くのです。「売上を上げる」なら、そのための施策が話し合われるはず。その施策のポイントだけ、メモすれば十分です。「課題を共有する」「新しい営業組織をつくる」「顧客満足度を上げる」「工場と連携する」など、アジェンダはいろいろあると思いますが、それらがメモの目的になります。

　目的に合致したポイントだけ、メモをとっていくのです。

☑ 仕事には必ずゴールのイメージがある

　私は「目的」を意識してメモをとっていると述べましたが、もうひとつ意識しているのが、**「仕事のゴール」**です。最終的に、どんな原稿になっていればいいのか、それを頭にイメージしながらメモをとっています。

　例えば、インタビューの仕事では、2000字でまとめてほしい、と言われることもあれば、5000字でお願いしたいと

[**目的の有無でメモは変わる**]

Good!

- ●クライアントの意向
- ●プロジェクトの障害となりそうなこと
- ●メンバーに伝えるべきこと

メモの目的
何をメモするべきかはっきりわかる

Bad!

?
なんでもメモしてしまいポイントがわからない

言われることもあります。2000字と5000字では、必要な情報はまるで変わります。後者なら、長時間インタビューして、たくさんのメモをとらなければいけません。

ほかにも読者のベネフィットや読後感、編集部としてどんな利益が得られるか、といったことも大切です。こうしたゴールをイメージしながら、メモをとるということです。

これは一般のビジネスパーソンの方々も同じです。

例えば、マーケティング施策やイベントの内容などでは、ある程度、「仕事のゴール」は共有されているはずです。

どんなアウトプットが求められ、**どんな「仕事のゴール」が設定されているのか。それも頭に描きながら、メモをとる必要がある**ということです。

私は「目的とゴール」は、どんな仕事でもワンセットになると考えます。どんな仕事にも目的があるし、ゴールがある。それを意識すれば、メモすべきことが見えてくる。要するに、**仕事を遂行する上で、大事なことは何なのか、本質は何なのか、しっかり意識する**のです。そうすれば、おのずとメモはとれるようになります。

メモをとろうとするからこそ、大事なことにアンテナが向くようになる。メモは、仕事力を高めてくれるのです。

仕事の「目的」と「ゴール」を意識しながらメモをとってみよう。

仕事の指示は復唱しながらメモ

上司から仕事を依頼されたら、仕事系ノートの出番です。どんな内容なのか、いつまでにどんなことをしなければいけないのか、しっかりメモしなければいけません。

ここでも意識するべきは、**仕事の目的とゴール**です。何のための仕事なのか。どんなゴールになるのか。

例えば、スライド作成をお願いされたとする。まず確認しなければいけないのは、**このスライドは何のために必要なのか**、です。「会議でチームの営業状況を共有する」かもしれないし、「部長にチームの現状を報告する」かもしれない。「役員会議で営業状況を報告する」かもしれない。

目的が違えば、スライドの内容も変わってきます。チームで情報を共有するスライドと、役員会議で見てもらう格式ばったスライドが、同じでいいはずがありません。

チームと役員会議では、事前に共有している情報が異なります。役員向けには、より丁寧な説明が求められます。

☑ どうすれば合格点がもらえるか

そしてもうひとつ確かめておくのがゴールのイメージです。**どんなアウトプットをすればいいか**、ということです、ひとくちにスライドといっても、文字の大きさも、デザ

インのイメージも、本当に様々です。

そのイメージが、上司と自分とでズレてしまっていたら、「いや、こうじゃない」とやり直しになってしまいます。

だから、**①ゴールイメージを確認する。②どんなアウトプットを出せば、「合格点」をもらえるのか**をあらかじめ理解しておくのです。

スライドの場合は、文字の大きさやグラフの種類、情報量などを具体的に確認して、ノートに記しておく。

可能であれば、お手本になるものをもらうことです。例えば、前任者や上司自身が過去につくったスライド。そうすることで、イメージのギャップを防ぐことができます。

その場でアウトプットのイメージをノートに書いて、それを上司に見せて承諾を得るのもいいでしょう。ゴールがわからないのに、合格点がもらえるはずがないのです。

☑ 曖昧なままにしないためにも、数字を意識

仕事のやりとりで重要なのが、数字です。「できるだけ少なく」「来週の前半までに」「午後には」など、曖昧な言葉は極めて危険。数字で確認し、メモしましょう。
「少ない」といっても双方のイメージは異なります。「前半」も水曜までか火曜までか。「午後」は13時か18時か。だから、必ず数字に置き換える。「5枚のスライド、来週火曜の13時まで」と具体的な数字をメモするのです。相手に復唱しながらメモをとると、誤解はなくなります。

[　ゴールイメージがズレないメモの書き方　]

数字に落とし込もう

できるだけ少なく	➔	**5**枚
来週の前半までに	➔	**10**日までに
午後には	➔	**15**時までに
持ってこられるだけ	➔	**360**箱
なるべく早く	➔	**3**日以内に
もう少し大きく	➔	**10**ポイント

発注者

受注者

お客さまとのやりとりでも、双方の認識がズレて、あとになってトラブルになるのを避けるためにも、必ず口頭で数字を復唱しながらメモをとりましょう。

　そもそも人は、自分に都合よく考える生き物です。仕事を頼む側は早く欲しいし、頼まれる側は先延ばしをしたい。だから、曖昧なままにしておくことは危険なのです。**数字を復唱しながらメモをとる、というクセをつけておくと、曖昧なまま仕事を進めないようになります。**

☑ とり切れなかったメモを追記

　上司からの依頼でも、取引先との商談でも、すべての内容をメモすることは難しいかもしれません。そこでおすすめするのは、打ち合わせが終わったあとに、ざっとメモを見直しながら、追記をしていくことです。疑問点があれば、その場で解決しておくのです。

　上司からの依頼であれば、打ち合わせテーブルから戻ったあとに、メモを見直して、書き漏らしたものをつけ足す。

　取引先であれば、商談を終えたあとにすぐにメモを見直してみる。メモの完成度を上げておけば、トラブルを未然に防ぎ、お客さまからの信頼も得ることができます。

> **まとめ**
> 仕事を依頼されたら、目的とゴールを
> メモし、時間や数量を具体的に確認しよう。

Technique 24 オリジナルのマークを使って脳にインプット

　仕事系ノートは、自分だけが見るノートです。誰に見せるわけでもありません。だから、きれいに書かなければいけない、なんてことはありません。**どんどん手を入れ、自分の好きなようにアレンジしていいのです。**

　例えば、メモをとるときでも、見返すときでも、**「これは大事だな」と思ったところには、マークや下線を引く。大きく「〇」をつけてもいいかもしれない。たったこれだけで、パッとその部分に目が行くようになります。**

　自分だけのサインを決めておくのもいいでしょう。赤線は重要。赤丸は最重要、というように。３色ボールペンなどを使って、色ごとに重要度を決めて、線を引いたりしていくのも有効かもしれません。

　私も下線や「〇」はよく使います。ページを開いたとき、線が引いてあったり、「〇」があるだけで、そこに自然に意識が向き頭に入ってくるから、本当に不思議です。

☑ 蛍光ペンで重要度を変えながら

　インタビューでは大量にメモをとりますが、そのすべてを原稿に使うわけではありません。

　メモを見返すとき、愛用しているのは青の蛍光ペンです。

第3章　Ａ４ノートに記録する！要約メモ

[**使いやすいノートのアレンジ方法**]

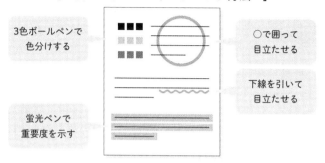

　蛍光ペンは、太くマーカーを引くこともできますし、細く線だけを引くこともできるようになっています。

　インタビューのときは、この蛍光ペンを使って、読み返しながら重要なキーワードには太くマーカーを引くなど、強弱をつけてメモに印をつけていきます。

　不思議なことに、たったこれだけで、まったく印象は変わります。**マーカーを引かないままで読むのとは違い、重要な内容がすぐに頭の中に入ってきます。**

　私の原稿執筆を支えているのは、こうした印やマーカーで、情報の強弱がわかりやすく整理されたメモなのです。

> **まとめ**
> 見返したときに内容がすぐわかるよう、
> 自分の好きなマークで重要部分を目立たせよう。

議事録は
キーワードだけでつくる

　会議でメモがうまくとれない、という声をよく耳にします。先に挙げたように「目的」を意識する。「何のための会議か」を考えれば、何がポイントかははっきりします。

　会議の内容をすべてメモするのは無理なので、ポイントを絞り込みます。イメージとしては、10のうち3くらい、キーワードだけを中心にメモするくらいで十分です。

　また、会議ではチーム全体についての話と、個人に大きく関わる話とがあると思います。言うまでもありませんが、重要なのは後者です。自分の仕事に大きく影響してくる話は、必ずメモをしておく必要があります。

　チームに関わる話と、自分がアクションしなければならないことを、下線やマークを使ったり、色を変えたりして、パッと見て区別できるようにしておくのです。

☑ 資料から必要な部分だけを書き写す

　会議の意外な盲点は、その場で配られる資料です。会議のあと、資料がどこかに行ってしまう危険があるからです。デジタル化する方法もありますが、余計な情報が多すぎて、ポイントがわかりにくくなってしまうのも、悩ましい。

　また、大事なメモを資料に書きっぱなしにしていたら、

これまた困ることになります。資料を探すために時間をかける、なんてことになったら、極めて非効率です。

そこでおすすめしたいのが、**資料の中から必要だと思われる部分を、ノートに書き写しておく**ことです。ポイントだけでもかまわないし、自分に関わるところだけでもかまいません。

もちろん、必要だから資料は配られているわけですが、すべての内容が重要ではありません。もとより、ぜんぶストックしようとしたら、大変な量が溜まってしまうことになります。必要な部分だけを仕事系ノートに書き写しておくのはとても合理的です。そうすれば、もう資料は必要ありませんから、廃棄しても問題ないわけです。

これも、もしかするとパソコンよりも手書きノートのほうがいい理由といえるかもしれません。

日々、仕事をしていると、とにかく膨大な量のデータが配布されます。ファイルがどんどん溜まって、管理が大変になっていくのです。

ノートに書き写しておけば、そんなことにはなりません。自分なりの強調マークもついていますから、ポイントを簡単につかめるのです。

☑ 議事録を効率よくつくる方法

自分のノートの話とは別になりますが、会議といえば、議事録に関するご相談もよくお受けします。議事録をお願

いされたのだが、効率よくつくる方法はないだろうか、と。

議事録でも、まず大事なことは「目的とゴール」をきちんと発注者に確認しておくことです。何のための議事録なのか、です。

あとでチームで共有するためなのか、出席できない部長が読むためなのか、役員が見たいと言っているからなのか。それによって、アウトプットのイメージも変わってくるでしょう。

チームであとから共有するなら、それほど詳しい内容は必要ありません。ポイントだけが列挙されたものでいい。

[　議事録がうまくとれる3つのポイント　]

POINT
❶ 会議の目的とゴールを意識する
❷ キーワードをしっかり記録する
❸ キーワードを元に要約をつくる

会社で定められた「議事録のお手本」を確認すると、箇条書きでまとめれば済むことがわかるかもしれません。

　部長や役員に提出するなら、もう少し詳しいものが必要でしょう。誰が何を言ったのかまで、しっかり記録しておく。とてもすべてはメモし切れないと覚悟して、ICレコーダーを回して、あとから内容を追加することも考えたほうがいいかもしれません。

　議事録のためのメモは、話をある程度聞いて、それを要約していきます。発言をそのままメモしていては、とても間に合わないからです。

　ただ、聞きながら要約するのは、なかなか難しいです。そこで、おすすめするのは、キーワードだけしっかりメモしておくことです。

　目的とゴールに照らし合わせて、何がキーワードなのかを考え、とにかくそれだけをメモしておく。議事録をつくる段階になったら、キーワードをもとに要約する。

　要約はむしろ、キーワードからつくったほうが、やりやすいのです。なので、しっかりキーワードをメモするトレーニングをするといいでしょう。

> 会議では、目的とゴールイメージを
> 確認し、キーワードだけをメモしよう。

会議中のメモで「質問力」を鍛える

　会議のメモでぜひやってみてほしいのは、**自分の意見や感想、質問などもメモしていくこと**です。会議で発言するのは、若い社員にとってはハードルが高いかもしれませんが、自分のノートに書くなら、すぐに取り組めるはずです。

　私はインタビューを仕事にしていて、1年中、人に話を聞いているわけですが、実はインタビューというのは、誰でも簡単にできる仕事ではないと思っています。

　なかでも難しいのは、質問です。もちろん事前に、質問の内容を考えていくわけですが、その質問を相手に投げかけても、思ったような答えが返ってくるとは限りません。

　多くの場合、「こんな話が聞きたかった」と思えるところまで、相手を誘導しないといけないのです。

　そのために、返ってきた答えに対して、新たな質問をかぶせていったりします。それは、事前に用意した質問ではありません。相手の話を、より深めていくように、その場で質問を考えてかぶせていくのです。

　そんなキャッチボールを繰り返して、ようやく理想の答えが返ってくることも少なくありません。

　そしてこのとき、返ってきた答えに対して、変な質問を投げかけてしまうと、相手はうまく返答できなくなります。

インタビューの目的やゴールはもちろん、相手のことをしっかり理解し、その場の空気を読み、流れも意識しながら質問を繰り出さないといけないのです。

☑ 質問は難しい。だから、訓練する

これは、会社の会議にも通じると思っています。適切な質問や発言を的確なタイミングで行わないと、場をしらけさせてしまいかねない。逆に、質問や発言のうまい人は、こういうことをサラッとやって、高い評価を得ています。

ただ、そういう人も、最初から見事な質問や意見を次々と繰り出せたわけではありません。何度も会議に出席し、「ああ、なるほど、このタイミングで質問すればいいんだな」とか「こういう意見はみんなに支持されるんだな」といったことを観察し、自分でも実践するうちにできるようになっていったはずです。

ならば、**メモをとってその訓練をしてはどうでしょうか。**

☑ タイミングよく発言するためのトレーニング法

例えば、**会議では自分なりの感想を必ず持つ**ようにする。誰かの発言に対して、どう思ったか。どんなことを感じたか。感想を記しておく。また、誰かの意見に対して、こんなことをやったらいいんじゃないか、などと考えてみる。

さらに、質問も考える。こういう質問をしたら、ほかの人はどう反応するか。シミュレーションしてみる。

[質問力のトレーニング法]

| STEP 1 | 誰かの発言に対し自分の感想をメモ |

| STEP 2 | 会議の流れに沿って自分の意見を変えてみる |

| STEP 3 | 実際に感想や意見を言ってみる |

的確に発言できるようになり、まわりからの評価も上がる

もちろん、その場でどんどん発言したり、質問できればベストですが、毎回そうはいかないでしょう。ほとんど質問できない場合もある。しかし、それも学びです。

　いずれどんどん意見が言えるよう、訓練の場にすればいいのです。何をするのかというと、質問したいことをメモする訓練です。会議の場の流れを読んで質問を考える訓練。タイミングを見計らう訓練です。

　訓練を重ねることによって、いずれ必ず、的確な質問や意見が言えるようになります。

☑ 意識するから、発言できるようになる

　ノートに意見をメモしておいたら、同じような意見が上司や先輩から出てきた、ということもあるかもしれません。

　また、難しい質問もどういうタイミングですればいいのか意識するようになる。質問をする気もなく、ただ漫然と会議を聞いているだけでは、質問力は鍛えられません。

　ノートにメモすることを、質問したり発言したりする訓練にしてしまう。自分なりの感想を言うためのトレーニングの場にする。会議で質問できるようになれば、まわりからの評価もアップすることは間違いありません。

> まとめ
> 会議で的確に発言できるように
> 自分なりの意見や感想をノートにメモしよう。

Technique 27 チームメンバーの名前もメモする

例えば、社内のチームプロジェクトに参加することになった。こういう場合には、キックオフミーティングなどが行われますが、ここで忘れてはならないことがあります。**プロジェクトの概要だけではなく、チームのメンバーについても、しっかりメモしておくことです。**

重要なのが、「**名前**」と「**役職**」です。社内のプロジェクトでは、名刺交換はしませんから(社内で名刺交換をする会社もありますが)、自己紹介のときに名前をメモしておきます。名前を忘れても、あとで名刺で確認する、ということができないからです。

そうしておかないと、あとから再度名前を聞かなければいけない。なかなかみっともないことになりかねません。

[プロジェクト全体像を把握するメモ]

メモしたいメンバーの特徴

- □ 名前　山田太郎
- □ 役職　サブリーダー
- □ 役割　進捗管理　予算管理
- □ 発言　連絡はこまめに
　　　　悩みごとは私に

☑「役割」「どんな発言をしたか」もメモ

　社外のお客さまとのプロジェクトも同様です。名刺交換をしても、なかなか名前を覚えておけるものではない。

　しかし、お客さまですから、名前を間違えてはいけない。

　では、どうするのかというと、名前と一緒に外見の特徴もメモしておく。そして、次にお会いするときは、メモを見返して名前を確認した上で、ミーティングに臨むのです。

　社内であれ、社外であれ、メンバーの役割は最初はわかりませんが、プロジェクトが進むにつれてわかってきます。**誰がどんな役割を持っているのか。これもメモします。**

　そうすることで、プロジェクトの全体像をより深く理解できるわけです。

　同時に、ミーティングの際には、会議の内容に加えて、誰がどんな発言をしていたかもメモします。

　仕事はチームで動いています。**チームを理解するには、人を理解しておかないといけない。**人のことを理解しておくと、問題が起こったときに誰に相談すればいいか、誰にその仕事を頼めばいいのかがわかります。そこでも、メンバーに関するメモを活用することができるのです。

> **まとめ**
> プロジェクトの全体像をつかむため
> メンバーの名前や役職、役割などもメモしよう。

ビジュアルをスケッチでメモしていく

メモは文字だけではない、前述しましたが、図をうまく使うことでメモはより機能的、効果的なものになります。

メンバーの名前をメモするにしても、ノートなら、もっといろんなことができます。例えば、ミーティングの際には、通常メンバーは席に座っています。その**座席表とともに、名前をメモしていく**のです。

Ａ４ノートは大きいですから、見開きを使って座席表を書き、そこに名前を入れて、それぞれの発言なども書いておくと、「あの席に座っていた、あんな外見の人」と、記憶はより鮮明になると思います。

あとから、上司や先輩に、「あそこに座っていたのは誰だっけ？」などと問われても、メモを開けばすぐに答えられる。「あの発言をした人ですよね」というメモも残っている。これは重宝されるに違いありません。

☑ 工場の様子もスケッチでメモ

同じようにビジュアルでメモを残しておくと便利なものはたくさんあります。例えば、**工場に視察に行ったとしたら、間取り図をスケッチしておく**。

じっくり工場を視察しても、いつまでも記憶が残ってい

るわけではありません。写真を撮るにしても、全景は難しい。そもそも写真はNGという場合も少なくありません。

スケッチしておくとあとで役立つ場所は少なくないと思います。建設現場や施工現場、物流センター、オフィス、エントランス、応接室などなど。

あとで仕事のヒントになる、役に立ちそうだと考えてスケッチしておく。これも、ぜひ活用したいメモのテクニック。そして、パソコンやスマホではできない、ノートならではの効能です。

[ビジュアルで会議を記録する方法]

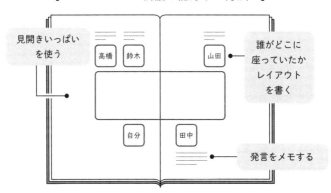

まとめ
文字以外に、座席表、工場間取り図など
あらゆるものをスケッチしよう。

第3章のまとめ

MEMO BEST METHOD

☑ ノートに手書きすると、記憶を定着させたり、簡単に図を描けたりするなどメリットが多い。

☑ メモをとる前に、仕事の目的とゴールを考えると、要領よく書き込むことができる。

☑ ノートは他人に見せるものではない。自分がわかりやすいように自由にアレンジしよう。

☑ 会議の内容をメモするときは、会議の目的を考え、まずはキーワードだけを書き留めよう。

☑ 会議で的確に発言できるようになるために、ノートをトレーニングの場として活用しよう。

第4章

速く、正確に記録する！

スピードメモ

すばやくメモをとれるテクニック

これまで仕事でたくさんのインタビューをしてきました。ノートにメモをとるわけですが、私のノートを見ても、ほとんどの人は何が書いてあるのか、理解できないでしょう。

というのも、すばやくメモをとるために、私のノートは私にしか理解できないシロモノになっているからです。

文字が乱雑で読みにくい、という意味ではありません。文字は読めても、私にしか内容を理解できないのです。

きっかけは35年ほど前にさかのぼります。当時、私は広告の仕事をしていたのですが、クライアントからオリエンテーションを受けるときには、とにかく必死にメモをとっていました。というのも当時は、今のICレコーダーのように便利なものがなかったのです。クライアントからお金を頂戴して広告をつくるのに、どこかで勘違いがあったりしたら大変。その場でメモをとるしかなかったのです。

☑「会社」などは記号にしてしまう

急いでノートにメモする方法を考えていくうちに、やがて私にしかわからない象形文字のようなものを書くようになりました。速記とまではいきませんが、それらしい書き方を自分で編み出していったのです。

そのときに気づいたのは、そもそも言葉にすらする必要はない、ということでした。**私が理解できていれば、それで困ることはない。**そうやって使うようになったのが、記号でした。例えば会社なら「K」、テクノロジーなら「Tec」、技術なら「G」、銀行なら「BK」といった具合です。画数の多い漢字は、メモをとるときにとても面倒だからです。

　記号にしてしまえば、あっという間に書くことができます。これなら、きちんと漢字を書かなくても、あとで見返したとき内容を理解できることに気がついたのです。

☑ 画数の多い漢字はカタカナに

　記号は便利なのですが、わかりやすいアルファベットに置き換えても、数に限界があります。そこで、よく使うようになったのが、カタカナです。「得意」→「トクイ」、「増加」→「ゾウカ」といった具合です。カタカナは、ひらがな以上にすばやく書けます。

　「得意」という文字は、かなりの画数です。しかし、「トクイ」とカタカナにしてしまえば、すぐに書けます。画数の多い漢字ほど、思い切ってカタカナにしてしまうのです。

　一方で、経済の世界では、そもそもカタカナ用語を使うことが少なくありません。ただ、字数が多かったりすることもあります。長いカタカナをメモしていると、時間がかかってしまう。そこで、略語にしてみるのです。

[メモを効率化する記号・略語]

会社	➔	K
銀行	➔	BK
駅	➔	St
得意	➔	トクイ
コミュニケーション	➔	コミ
イノベーション	➔	イノベ
プレゼン	➔	プレ
ミーティング	➔	Mtg
コンビニエンスストア	➔	CVS
ベンチャーキャピタル	➔	VC
ホームページ	➔	HP
ギャップ	➔	Gap

- ●よく使う言葉は記号に
- ●画数の多い漢字はカタカナに
- ●長いカタカナは略語に

「コミュニケーション」→「コミュ」、「プレゼンテーション」→「プレゼン」、「インキュベーション」→「インキュ」、「ボキャブラリー」→「ボキャ」、「コンサルティング」→「コンサル」、「イノベーション」→「イノベ」など。

☑ 長いカタカナ用語は略語にする

カタカナ用語を略す方法は、ほかにもあります。**頭文字をアルファベットにする**のです。
「コンビニエンスストア」→「CVS」、ハーバード・ビジネス・スクール→「HBS」、ニューヨーク→「NY」、「ベンチャーキャピタル」→「VC」といった具合です。

ほかにも、日本語で書くよりも英単語で書いてしまったほうが速いものは英語にしてしまいます。「ウェブ」→「Web」、「ギャップ」→「Gap」など。

要するに、**すばやくたくさんメモをとるためにどう書けばいいのかを考えてみるのです。**

メモは自分のためのもの。自分が理解できれば、他人が理解できなくても問題ありません。自分なりのスピードメモ術を確立すべく、いろいろ工夫してみてください。

メモはすばやくとれることが大切。
記号や略語など、いろいろ工夫しよう。

Technique 30 意外に知らない余白の大切さ

　すばやくメモをとるためには何が必要なのか。たくさんのインタビューを経験して、やがて気づいたことがあります。**ノートを贅沢に使う**、ということです。

　ページの頭から、罫線に沿って丁寧に文字を書き連ねていく、というのが多くの人が学生時代からやってきたノートの使い方でしょう。しかし、仕事ですばやくメモをとっていくときには、そんなことは気にしていられません。

　利便性を考えると、罫線付きのノートがおすすめですが、罫に沿って丁寧に書くようなことは、まったくしなくていいと思います。むしろ、2〜3行おきに書くくらいのつもりで、左右も思い切り空けて、大胆に余白を使って書くほうが、すばやくメモが書けて効率的です。

☑ 書き切れなかったことを、加筆できる

　板書されたものを写していくのとは異なり、仕事の現場では相手が話していることをメモしていくことになります。

　話はわかりやすく流れていくとは限らず、ときには横道に逸れたり、ちょっと先走って、また元に戻ったりすることもある。こういうとき、余白を大胆にとっておけば、メモも横道に逸らせたり、元に戻ったりすることができます。

行間に隙間なく、窮屈にメモをとっていたり、左右にびっしり文字を埋めていたら、こういうことはできません。

私の場合は、１ページに書くのは10行ほど。キーワードが含まれた文章が10個ぐらい書いてある、という使い方です。ですから、パッと見た感じでは、ノートはスカスカです。ただ、ICレコーダーでインタビュー中の音声を聞きながら、追記していくことも少なくありません。

私は赤いペンで取材中のメモをとり、レコーダーを聞きながら黒いペンで加筆をしていきますが、その際にも、余白がなければ追記ができません。

[　ノートの余白の空け方　]

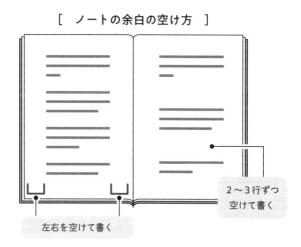

2〜3行ずつ空けて書く

左右を空けて書く

ですから、それを見越して、余白を入れておくのです。

インタビューに限らず、打ち合わせメモも余白を空けて書きます。その理由は、打ち合わせが終わったあと、メモを見返して「こんな話も出ていたな」と思い出して追記できるようにするためです。

☑ 話の概要が、メモを見ればわかる

聞いた話をメモするときには、ノートの左上からスタートして、話が切り替わったら行を変えます。

まとまった話はひとくくりにして、「まとめ」を示す印を入れます。単純に左側に縦線を引くだけですが、雑然と

[ノートの振り返りがラクになる書き方]

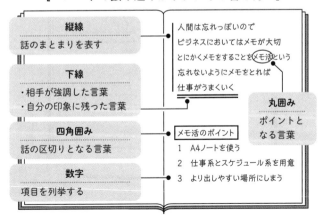

書かれていても、この印があるだけで、どれがひとかたまりの話かわかるため、あとからわかりやすいのです。

　行が変わって次の話に入るときには、別のひとかたまりであることがわかるよう、また印をつけます。キーワードを四角で囲んだり、二重丸をつけたりしておくと、話題が変わった目印になります。

　ポイントが3つある、といった場合は、数字を書いたり、四角く囲んだり、丸で囲んだりして、あとでわかるようにします。

　それ以外にも「この言葉はこの言葉とつながっている」という意味で矢印をつけたり、線でつないだりすることもあります。

　大事なフレーズ、相手が話しているときに強調していたこと、私自身が印象に残ったキーワードや数字については、下線を引きます。それも、ただ引くのではなくて、より強調したいところは、二重三重に線を引いておくと、あとで見たときにすぐに重要な部分がわかります。

　このように、**一つひとつのアクションを工夫することで、見返しやすいメモをとることができる**のです。

> **まとめ**
> 余白をとったり、線を引いたりして
> 見返したときに見やすいメモを書こう。

商談は「様子」もメモしておく

Technique 31

すばやくメモしておきたいのは、相手が話した内容だけではありません。**相手の「様子」もメモしておくと、あとあととても使える情報になります。**

例えば、お客さまと商談をするとき。もちろん、お客さまのニーズ、予算、要望などについて、きちんと把握をするために話を聞くことは重要ですが、同じくらい大事な情報があります。それが、相手の「様子」です。

商談の目的は、ビジネスを成功に導くこと。お客さまのニーズを探ることはもちろんのこと、いかに相手の「様子」を把握しているかが大切です。

例えば、こちらの提案に対して、どんな反応が返ってきたか。厳しい口調か、好意的だったか、それとも無反応か。機嫌はどうだったか。にこやかだったか、それとも迷惑そうだったか。相手の性格はどうか。温和か、厳しそうか。ストレートにモノを言う人か、それとも遠慮がちな人か。そういったことをメモしておくのです。

☑ 上司に的確な報告ができる

お客さまとの会話では、商談自体の内容も大切ですが、「様子」が極めて重要な情報です。それによって、**その後**

の商談の進め方も変わっていくのです。しかし、せっかくお客さまの「様子」をつかめるチャンスをもらったのに、きちんとメモをしておかないとやはり忘れてしまいます。

メモがあれば、帰社してから上司に「どうだった？」と問われても、ノートを見ながら、すばやく的確な報告ができるはずです。

ただし、プライバシーに関わる情報ですから、ノートの管理はくれぐれも注意しないといけません。メモをとるときも、相手に見える距離でとるわけにはいきませんから、そこは要注意。ここでも、自分にしかわからないような記号を用意しておくといいでしょう。「様子」は、お客さまの話と一緒に書いてしまうのもいいでしょうし、右上の欄外、右下の空きスペースなど、書くところを決めて、別の場所にメモするのも、ひとつの方法です。

☑「見たもの」も大事なメモの要素

聞いたことをメモする、とは何度も述べてきたことですが、実は**「見たこと」も大事なメモの要素**になります。

例えば、取引先の会社を訪問したら、様々な情報が目に入ってきます。どんなビルに入っているのか。エントランスのつくりはどうか。エレベーターは、受付の雰囲気はどうか。来客は、出入りする社員はどんな感じか……。

事前にネットなどで情報を調べているかもしれませんが、**実際に、自分の目で見たことが貴重な情報になる**のです。

[　あとでコミュニケーションに役立つ材料　]

見たもの ＋ 感じたもの

チェック

見たもの・感じたものをメモ

- □ どんなビルか？
- □ エントランスの雰囲気は？
- □ 来客の数は？
- □ スタッフの話し方は？
- □ 社員の印象は？

「見たこと」をしっかりメモしてあとで役立てるのです。

　エントランスに印象的なアート作品が置いてあったら、担当者とのコミュニケーションにも使えます。「受付に素敵な絵が飾ってありましたが、あれはどういうものなのでしょうか」といった具合です。

　自分の会社に興味を持ってくれる人に、嫌な印象を持つ人はいません。しかも、自分の目で見たファクトから感想や疑問を伝えている。これは、好印象になるはずです。

☑ 報告することで、追体験できるように

　取引先の会社に入ったあとも、社内の雰囲気、応接室がどんなところなのか、「見たもの」が貴重な情報です。

　もとより上司への報告とは、自分が見てきたものを上司に追体験してもらうことにほかなりません。あたかも上司が訪問を追体験しているかのように、報告できるかどうか。そのためには、しっかり「見たもの」や「感じたもの」もメモをとってくることです。

　もちろん、見たものを記録しておけば、自分があとで思い出すためにも使うことができます。思い出すためのフックにできるのです。

> **まとめ**
> 訪問先では、相手の話の内容だけでなく、
> 「見たもの」「感じたもの」もメモしよう。

相手から「いい話」を聞き出す技術

　私は文章を書く仕事をしているわけですが、実は**書くこと以上に大事なことがあります。それが「聞くこと」です。**

　私は、こうして自著を執筆するほか、著者に代わって本を書く「ブックライター」という仕事も行っています。10時間以上にわたって著者に取材をし、その内容を本にするのです。また、雑誌やウェブサイトで記事を書くこともありますが、そのほとんどは誰かに取材をすることで成り立っています。つまり、**「聞くこと」によって「書くこと」が成立している**のです。

　ですから、私は書くこと以上に聞くことにこだわります。うまく聞くには、技術が必要だからです。そして、**上手にメモをとるためには、やはり上手に聞くことが必要になってきます。**よってここでは、上司からの依頼や取引先との商談を想定して、その技術を紹介することにしましょう。

☑「5W2H」を頭に浮かべると質問しやすい

　まず、大事なことは、聞く前には準備が必要だ、ということです。商談に出向くときも、何を聞かなければいけないのか、あらかじめ準備しておかないといけません。

　先に述べた「**準備メモ**」です。これがないと、「あ、あ

れを聞き忘れた！」というミスにつながるわけです。

　上司から仕事の依頼を受けるときも同様です。何を聞かないといけないか、しっかり準備しておいたほうがいい。

何を聞くのか考えるとき、参考になるのが５Ｗ２Ｈです。

・いつ「When」
・どこ「Where」
・誰「Who」
・何「What」
・なぜ「Why」
・どのように「How」
・いくら「How much」

の頭文字を取った言葉です。

　５Ｗ２Ｈの質問で得られた答えをもとに仕事を進めれば、上司の期待にも応えられるわけです。

[質問がうまくいく「5W2H」]

When	いつ	いつまでに必要でしょうか？
Where	どこ	どこにお送りしますか？
Who	誰	どなたが担当されていますか？
What	何	何を盛り込めばいいのでしょうか？
Why	なぜ	なぜつくる必要があるのでしょうか？
How	どのように	どのように制作されていますか？
How much	いくら	予算はどのくらいでしょう？

商談にも５Ｗ２Ｈを使います。例えば、営業先からニーズを聞く機会を得た。そこで、ある製品を納入したいが、相手の現在の状況がよくわからない。こういうとき、５Ｗ２Ｈを思い浮かべながら質問するのです。
「今は、どんな製品を導入されているのですか？」How
「いつ導入されたのですか？」When
「なぜ、この製品を導入されたのでしょうか？」Why
「どこから、導入されましたか？」Where
「なぜ、その会社にされたのでしょうか？」Why
「どのようなプロセスで導入されたのでしょうか？」How
「それは、いくらくらいでしたか？」Hou much
　どうでしょう。**こうした質問を事前にしっかり用意しておくことで、ビジネスを成功に導く話を聞き出すことができるのです。**これなら、重要なことを聞き漏らす、ということもなくなるでしょう。

☑ じっと下を向いているのはＮＧ

　一方、ずっとノートを見て一心不乱にメモをとる人がいます。実は、これは印象がよくありません。
　相手の立場に立ってみてください。自分のほうをチラリとも見ない、というのは気持ちのいいものではない。
　メモをとりながらも、ときどき顔を上げて、相手を見ることが大切です。「この話はもうちょっと聞いてみたいな」というものがあれば、メモをとりながら印をつける。そし

第4章 速く、正確に記録する！スピードメモ

[　質問しながらメモをとる場合の注意点　]

- ときどき顔を上げて相手と目を合わせる
- 「この話をもっと聞きたい」ところに印をつけておく
- 会話が少し途切れてもいい（メモが終わったら会話に戻る）

- ずっと下を向いていて、相手と目を合わせない
- 書くことに夢中になりすぎてコミュニケーションをとる意識がない

て、相手の話が一段落したら、その質問をしてみたりする。

メモをとっていると、会話が多少、途切れることもあります。しかし、メモをとっていれば、居心地の悪い空気にはなりません。メモを書き終えたところで、また質問なり、会話なりに戻ればいい。

また、**メモを見ながら復唱したり、そこから派生した質問をしたりしてもいい**。このように、メモを使えば、キャッチボールをしながら会話を深めていけるので、いいコミュニケーションができます。

聞く時間を楽しむ。そのためにメモをとっていくのです。

> 質問するときは５Ｗ２Ｈを意識して、
> 相手から貴重な情報を聞き出そう。

Technique 33 スピードメモの練習はどこでもできる

　メモをすばやく書くことが、なかなかできない。そんな声を耳にすることがありますが、それは当然です。誰でも、いきなりうまくはできないからです。

　メモはある意味、職人技です。明日から誰でも簡単に、などという方法はありません。自分なりに試行錯誤して、「これだ」と思うものに近づけていくしかない。

　ただ、早く理想に近づく方法はあります。それは、トレーニングを積むことです。**日常の仕事の場を、トレーニングの場として活用してしまえばいいのです。**

　例えば、会議。**頼まれなくても、議事録をまとめてみる。**的確に早く書くにはどうすればいいか、工夫するのです。

　まずは、記号。「会社→K」などの記号をつくり、それでメモをとる。明らかにメモをとるスピードが速くなることを実感できるはず。慣れてきたら、余白を使う方法もトライ。余白をとってあとから追記する方法も、実践してみれば思わぬプラス面に気づけます。

☑ 普段の会議で、要点をメモする練習を

　話を聞きながら、要点をまとめる方法も練習しましょう。ある程度話を聞いて、要点だけをサッとメモするのは、簡

単にできるものではありません。だから、普段の会議で練習してみるのです。「要点メモ」は、実際の業務にも立派に使える記録になるはずです。

あるいは、**様子だけをメモしていく練習をしてもいいでしょう。**発言者はどんなふうに話していたか。それをどう書けば、現場にいなかった人にも伝えられるか。

そんなふうに様子をメモする練習をしてみてください。

メモの練習をしておくことで、適切なタイミングで意見を言ったり、質問したりすることができるようになります。

☑ 経済番組やオンライン動画でトレーニング

仕事の場で練習するのはなかなか難しい、という人に、とっておきの場があります。**テレビの経済番組や、オンライン動画、セミナーなどでトレーニングする**のです。

リモートワークが大きく拡大する中、自宅で見られるコンテンツも充実してきました。そうした番組を見る機会が増えた、という人も少なくないでしょう。

何かの役に立つだろうと経済番組を見るのは本当に素晴らしいことですが、とはいえ、ただ見ているだけでは、やはり例によって、すっかり忘れてしまいます。せっかく1時間なり、2時間なり、貴重な自分の時間を使って番組やセミナーを見るのであれば、仕事に役立てたいもの。

そこで、練習がてら、オンラインの番組を見ながらぜひメモをとってみてください。

☑ パソコンで見て、ノートにメモする

　経済番組では、多くの場合コメンテーターが発言します。それは、インタビュー取材で相手から返ってくる答えのようなもの。それを、いかにすばやくメモできるか。ポイントをつかみ、語られることの要点をまとめられるか。

　複数のコメンテーターがいる場合は、しゃべる時間も限られています。こうした番組は、コメントをコンパクトにまとめる練習をするのに最適です。

　いろんな識者が出てくると、メモすることで、それぞれの視点が浮き彫りになります。メモをとるからこそ、深く理解ができます。そして、本当に大事だと思うところだけ、線を引くなりして目立つようにしておくのです。

　人は一度にたくさんのことを記憶することはできません。経済番組なら、3つだけでもいい。これまで知らなかったことが学べた、というものを残しておく。そのためのメモをつくるのです。そこで得た知識が、仕事で役に立つ可能性もあります。

　オンラインの講演も、ただ聞いているだけでは、頭に入ってきません。だから、メモをとるのです。しかも、パソコンで見ていたら、なおさらパソコンでメモはできませんから、手書きノートの出番です。パソコンの前でノートを開き、要点をメモする。講演の内容を学びながら、メモのトレーニングの場にしてしまえばいいのです。

第4章 速く、正確に記録する！スピードメモ

[スピードメモのトレーニングができるシチュエーション]

打ち合わせ・会議

講演・セミナー

オンライン動画

テレビの経済番組

> **まとめ**
> すばやくメモする技術を高めるため、
> オンライン動画などでトレーニングしよう。

Technique 34 他人のパーソナル情報もメモしてしまう

すばやくメモしたいもの、といえばパーソナル情報です。
先に、プロジェクトで一緒になった社内外のチームメンバーについて、名前をしっかりメモしておいたほうがいい、と述べましたが、付き合いが長くなれば、名前だけ覚えておけばそれでいい、というわけにはいきません。

コミュニケーションを円滑にしていくためには、パーソナルな情報も知っておいたほうがいいでしょう。

あるベンチャー企業で、社員の誕生日に社長が必ず声をかけてくれる、という会社がありました。社長は社員の誕生日を全員分メモしていたのです。

[**信頼関係のカギとなるパーソナル情報**]

パーソナル情報を書くスペースを決めておく

誕生日をしっかり覚えておいてもらって、うれしくない社員はいません。人は誰でも、自分に関心を持ってくれる人には好印象を持つものです。

　ある大企業の役員は、30代のころに取引先の担当者だった人と、今もお付き合いが続いています。きっかけは、たまたま商談の日が自分の子どもの誕生日で、そのことを覚えていた担当者から、翌年プレゼントが届いたことだったそうです。それ以来、ふたりは親しくなって、家族ぐるみのお付き合いになったとのことでした。

　パーソナルな情報を覚えておいてもらえるというのは、とても大きな意味を持っているのです。

☑ ちょっとした情報をメモするスペースをつくる

　誕生日だけではありません。例えば、子どもの名前や年齢。ペットの名前。趣味。得意なことや好きなこと。推しのスポーツチーム。行きつけの店。好きなお酒。こうしたパーソナル情報は、耳にする機会があったら必ずメモする。

　取引先だけでなく、上司や同僚も同じです。自分の子どもの名前を覚えてくれている人に、悪い印象を持つ人はまずいません。可愛がっているペットも同様。こういった情報を知る機会があったとしても、なかなか覚えていられるものではない。だからメモしておくのです。

　仕事系ノートに、こうしたパーソナル情報をメモしておくスペースを決めておくといいと思います。

スケジュール帳では、右上の「うっかりメモ」、右下の「中・長期のタスク」について述べましたが、仕事系ノートでは、例えばページの欄外の右上に書くと決める。

　そうすれば、ほかのメモに埋もれてしまうことはありません。四角く囲んでおいたり、「○」をしておいたりしてもいいでしょう。そして、こうしたパーソナル情報を住所録のページなどに転記してもいいかもしれません。

　あるいは、スケジュール帳の中につくってもいいですし、それこそスマホやパソコンのメモ機能を使ってもいいかもしれない。とにかく、忘れずにメモしておく方法を見つけることが重要です。

☑ 忘れそうなライトな約束もメモ

　ちょっとしたメモといえば、「次に××しましょう」「今度、差し上げますよ」「△△について聞いておきますね」といった、ライトな約束があります。

　ところが、これまたうっかり忘れてしまうことが多いものです。仕事で必要なことはすぐにメモして忘れないようにしますが、仕事以外のちょっとした内容は、案外、メモしなかったりする。

　しかし、不思議なことに、こういうことは言われた本人はよく覚えているのです。「あれは、どうなったのかなあ」などとずっと思っていたりする。

　ただ、ちょっとしたことなので、あらたまって聞くのも

ためらっている。そして、約束したのに実行してもらえないことに対して、残念な気持ちになっていることは間違いないのです。

だから、**こうした「ちょっとしたライトな約束ごと」も、忘れてしまわないうちに、すばやくメモしておくことです。**メモする場所に困るのであれば、パーソナルな情報と同じように、ノートの右上の欄外にメモしておいてもいい。

そして、必要ならスケジュール帳に転記して、ToDoリストに落とし込んでおく。そうすることで、しっかり約束を果たせることになります。

ライトなものでも、約束は約束です。お願いされたのに忘れているとなると、やはり信用・信頼に傷がつくのは避けられないでしょう。

逆に、こうしたライトな約束もしっかり守ることで、「あの人は小さな約束も忘れない」と高い信頼感につながっていくのです。お礼を伝えることも同じです。「お礼を言う」をToDoリストに入れておくのです。

信用・信頼は誰もが欲しいものですが、それを得られる人と得られない人の違いは、実はこういうちょっとしたことなのです。

仕事に関係ない「ちょっとした約束」も
しっかりメモして、着実に実行しよう。

Technique 35 お酒の席でも「いい話」があればメモ

例えば、プロジェクトが終わって、お客さまと食事をすることになった。お酒も入れば、場もなごみます。

普通に仕事をしているときには聞けないような話が、お客さまから出てくることもあります。

担当の方が若い頃にした経験。そこからの学び。とてもいい言葉で、これは心に留めておきたいなぁと思った……。

でも、お酒が入っていることもあって、やっぱりこれもすっかり忘れてしまうのです。だから、**もし本当に心に留めておきたいのであれば、メモをしたほうがいいでしょう。**

ただし、みんなで食事をしている席で、ずっとA4ノートを広げているのは、あまりに不興というものです。

では、どうすればいいのかというと、**一言、お断りをすればいいのです。**いい話が出てきて、これはメモしておきたい、と思ったら、「すみません。今のお話、ものすごくいい話だったので、メモをさせてもらってもいいでしょうか？」と尋ねればいい。

その上で大きなノートを取り出してメモをするぶんには、まったく失礼には当たりません。むしろ、自分がした話を褒めてもらえたみたいで、相手にとっては、とてもうれしく感じられることでしょう。

☑ 経済小説家はトイレで箸袋にメモ

そもそも接待や会食が何のためにあるのかというと、一緒に酒席をともにすることで、親睦が深まり、お互いの距離感をグッと縮められるからです。

お互いにリラックスでき、仕事を離れて、いろんな話をすることができるし、聞くことができる。

私自身はあまりやりませんが、**対象者への取材は酒席で行う**、と語っていた作家の方がいました。経済小説の優れた書き手でしたが、どんなふうにして、あんなにリアルなエピソードやセリフが出てくるのか、興味津々で聞いてみたのでした。

作家の方が取材するのは、多くの場合はカウンター席。**真正面に座るのではなく、隣に座る**。それには大きな意味があって、真正面に座ると、どうしても対峙する格好になってしまうからです。

これでは、なかなか本音やきわどい話は引き出せない。しかし、隣に座れば関係性はまるで変わります。並んで相手のほうに向くと、いわば同志の関係になるのです。

そして、お酒を飲みながら話を聞いていくわけですが、もちろんICレコーダーなど回しません。そんなものがあれば、相手は警戒心から当たり障りのないことしか語らなくなってしまうからです。

ノートを広げることもしない。これも、ICレコーダーと同じです。**記録されていると思うと、お酒が入っていて**

も、そうそうきわどい話はできないというのです。

　となれば、どうするのか。私も驚いたのですが、どんどんお酒も入って盛り上がり、話も佳境に入ってくると、「飲むとトイレが近くなるんですよ」と言って何度も席を立っていた、というのです。そして、**トイレで、箸袋の隅っこやコースターの裏側に覚えた内容を必死にメモしていったそうです。しかし、話をした側はまったくそのことに気づいていません。**

　ノートを持っているわけでもないし、見えないところで小さな紙切れにメモしているだけだったからです。この話に、経済小説家の真骨頂を見た気がしました。

☑ メモした言葉は、お礼メールに使う

　さすがに私たちは、経済小説家のようなことは、なかなかできませんし、きわどい話を記録するわけではありませんから、「メモさせてもらってもいいですか」の一言で十分でしょう。

　これは、取引先のみならず、上司や同僚、友達と飲んでいるときでも同じです。「ちょっとメモしていいかな」と一言断る。悪い印象を持つ人はいません。

　このメモは、自分が大事にしておきたい話であると同時に、意外なところでも役に立ちます。

　会食でもそうですし、上司との飲みの席でもそうですが、多くの場合で、お礼のメールを送るでしょう。そのとき、

通り一遍に「ありがとうございました」とお礼の言葉を書いたとしても、相手の心にはちっとも響きません。

それよりも、メモした言葉を使うのです。

「昨日は、×××という本当に素敵な言葉をいただくことができました。ありがとうございました」

こんなふうに、**たった1行でも前日の酒席でしか得られなかった話を書いておくだけで、お礼のメールは断然、誠意が伝わるものになります。**

ぜひ、食事の席でメモした言葉を、お礼メールにも使ってみてください。

[　お礼のメールに加えたいポイント　]

- □お店の雰囲気
- □店員の接客やたたずまい
- □料理の味や盛り付け
- □お酒の種類や味わい
- □印象に残った言葉

まとめ

酒席で聞いた話も積極的にメモしよう。
一言断ることを忘れずに。

お気に入りのお店やお土産をメモしてストック

　会食で使うことになったお店、接待で招かれたお店、同僚たちとたまたま入ったお店、デートで使ったお店……。食事に行く機会が多い人は、たくさんのお店を利用していると思います。

　しかし、「いいお店ない？」と聞かれて、瞬時にお店の名前や連絡先が出てくる人は、どのくらいいるでしょうか。
「ああ、あそこにあったあのお店」
「名前なんだっけな」
「△△に聞けば知ってると思うんだけど」

　そうです。「これはいいな」と思ったお店も、**ちゃんとメモをしておかないと、すっかり忘れてしまうのです**。いいお店に出合ったら、すばやくメモをするに限ります。

☑ スマホにメモするのがベスト

　お店情報はスマホに保存をしておくのが最適です。

　先にも述べたように、私はスマホのメーラーの下書きに、タイトルをつけて、いろんな情報をストックしています。

　情報を取り出す必要があれば、タイトルで検索すれば、すぐに出てきます。そこに新たな情報をどんどんつけ加えていくこともできます。

[自分だけのグルメガイド]

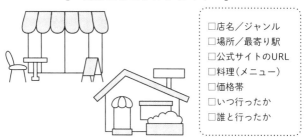

- □店名／ジャンル
- □場所／最寄り駅
- □公式サイトのURL
- □料理（メニュー）
- □価格帯
- □いつ行ったか
- □誰と行ったか

　お店の情報も、私はここに入れています。お店の公式HPのアドレスを一緒に貼り付けておけば、「いいお店ない？」と聞かれたとき、すぐにお店の名前もアドレスもコピペして転送することができるわけです。

　もちろん、ノートにメモしておくのもありだと思います。ただ、**スマホは必ず持ち歩いているので、誰かと共有するにしても、使い勝手のよさが抜群なのです。**

　これは食事のお店だけではなく、お土産も同様です。お土産でとても好評だったもの。あるいは、自分がいただいて、「これは！」と思ったものは、商品名とお店の名前をメモして、ストック。いざというときに活用できます。

> **まとめ**
> お気に入りのお店やお土産は
> リストにしてストックを増やしていこう。

Technique 37 忘れない「読書メモ」のとり方

　せっかく本を読んだのに、あまり頭に残っていない。そんな悩みを持っている人も少なくないかもしれません。

　すぐにアクションが起こせるものは、そのまま実践につながるので記憶に残りやすいのですが、知識や見識を得るための本の内容は、なかなか記憶に定着しないのです。

　したがって、きちんとポイントをメモしていくことが重要になります。しかし、本を読みながらメモをとっていくのは、少々やっかいです。電車の中で読んでいたら、メモなどとてもできない。

　そこで付箋の登場です。**私は本を読むときは必ず付箋を手にしています。そして、「これは大事だな」「覚えておきたいな」というページに、付箋を貼っていくのです。**

　付箋なら小さいので、電車の中でもポケットから取り出して、サッと貼り付けることができます。マーカーや線を引いていく、という方法もあるのですが、私は個人的に本に書き込みをするのが好きではないので、付箋なのです。

　読んだ本すべては家に置いておけないので、リサイクルショップなどで売ってしまう、という人も多いと思います。そういうときにも、付箋なら、はがすだけで売り物になります。付箋によって本を汚さないで済むのです。

☑「これは」と思うところに付箋を貼っていく

 付箋を貼っているときに、貼る数はあまり意識しません。たくさん貼られる本もあれば、少ない本もあります。

 私は付箋を**本の上部に貼っていきます。とくに大事だな、と思ったポイントは、横に貼るときもあります。**

 そして1冊読み終わったら、付箋を貼った部分を一つひとつ、チェックしていくのです。心に引っかかったところに付箋を貼っているわけですから、あとから振り返っても「なるほど」と感じるものばかり。次に、付箋を貼った部分をノートに転記していくのですが、ポイントがあります。すべては転記しないのです。

 そもそも、本の内容すべてを覚えておくことなどできません。だから付箋を貼るわけですが、それでもまだ数は多い。本によっては、数十枚も付箋が貼られることがあります。そのすべてを覚えることはまず無理。

 そこで、**付箋をチェックしながら、5カ所だけ、メモに転記するものを選ぶのです。**選んだものは、上に貼った付箋を横に貼り直す。すでに「これは絶対に大事」と思ったところには付箋が横に貼ってありますが、最終的に5カ所だけ選んでノートに転記していくのです。

 読書録として専用のノートを用意する人もいますが、日々使っている仕事系ノートにまとめるのが便利です。ここでも日付とタイトルを必ず書いておきます。

どんな仕事をしているときに、どんな本を読もうとして、どんなところに惹かれたのか。いつ読んだかもわかりますから、貴重な読書録になるわけです。

　書かれているのは、5カ所だけです。**その5カ所だけ、しっかり覚えることを心がける。**そして、専用の付箋カラーを決めておいて、仕事系ノートに貼っておけば、読書録をすぐに見つけられます。どんなときに、何冊読んだのかも一目瞭然。いつか仕事にも活かせたりします。

☑ 読書録はブログやSNSでも使える

　この読書録は、いろいろな場で使えます。例えば、会社で何か発表するような場があったとき、印象に残ったフレーズ5カ所、として伝えられます。ブログに書き記すのもいいでしょうし、SNSで紹介してもいい。1冊につき5カ所だけなので、それほど大変なわけではありません。

　そして、**その5カ所に接すれば接するほど、記憶に深く刻まれることになります。**読んだ本を忘れない読書メモにできるのです。記憶に刻み込まれたら、付箋をはがして本を手放してもOKです。きれいなまま、次の読者の方へとバトンタッチできます。

まとめ

**読書しながら大事なところに付箋を貼り、
5カ所だけノートに転記して記憶に刻もう。**

MEMO BEST METHOD

第4章のまとめ

☑ 自分だけがわかる記号を決めたり、余白を多くとったりして、わかりやすく書こう。

☑ 取引先では、「見たもの」「感じたもの」もメモしておくと、商談などで役立つ。

☑ すばやくメモするトレーニングには、オンライン動画などを活用してみよう。

☑ お酒の席で聞いた話、ちょっとした約束ごともメモしておこう。

☑ 本を読みながら、大事なところに付箋を貼り、ノートに転記すれば、記憶に残りやすい。

第5章

思考を加速させる！

アイデアメモ

アイデアはデスクで考えない

　ここまで紹介してきたのは、いわば「守りのメモ」でした。本章では、**メモをもっとアグレッシブに使う「攻めのメモ」**について、ご紹介しましょう。うっかりを防いだり、忘れてはいけないことを記録したりする以上に、「攻めのメモ」こそ、多くの人にぜひ積極的に実践してほしいのです。
「攻めのメモ」の代表例は、アイデアのメモです。私の場合、アイデアや企画が仕事に直結しています。
「あの人にインタビューしてみたらどうだろう」「この切り口で本をつくる方法もあるんじゃないか」

　日々、こんなことばかり考えていると言っても過言ではありません。そして編集者と打ち合わせをしているときに話してみたり、「何か企画ないですか」と問われたときに提案したり、ときには自分から提案したりということも。

☑ シャンプーのときになぜかアイデアが浮かぶ

　では、こうした企画やアイデアをいつ考えているのか。先にもご紹介した通り、私は仕事を1時間ずつ「小分け」にした時間割で、スケジュールを組んでいます。

　執筆などの予定が常にあるので、時間割に「企画やアイデアを考える」時間を含むことは、まずありません。

第5章 思考を加速させる！アイデアメモ

[アイデアが浮かびやすいシチュエーション]

　もっと言ってしまえば、実は**企画やアイデアをデスクで考えることはありません**。なぜなら、考えたところで、そうそう出てくるものではないからです。

　みなさんも、お風呂に入ってシャンプーをしているときに、突然アイデアが浮かんだ、という経験はありませんか。あるいは、電車の中でボーッとしていたら、突然アイデアが浮かんできた、とか、夜眠りにつこうと思ったら、どういうわけだか、いろんなことが浮かんでくる、とか。

　それには、れっきとした理由があります。

☑ 脳が油断しているとき、アイデアは出てくる

　ある放送作家に取材したときのこと。斬新な企画を次々に出していた人だったので、どうやって企画を考えているのか聞いてみると、びっくりする言葉が返ってきたのです。

　彼がよく企画を考えているのは、例えばトレーニングジ

ムでランニングマシーンに乗っているとき。あるいは、車を運転しているとき。さらには、友達と飲んでいるとき。

なぜかといえば、「企画を考えよう」と前のめりになったところで、出てくるものではないからだ、というのです。

企画を考えなければいけない、というとき、脳はきちんとその指令を受け止めているのだそうです。自分の知らないところで、脳はアイデアを考えてくれている。

しかし、それをうまく引っ張り出そうとしても、自分の思い通りにはならない、というのです。

では、どういうときに、脳が考えてくれていたことが外に出てくるのか。それは、**脳が油断したとき、**です。

お風呂に入ってシャワーを浴びているときは、当然ながら体を洗うことに集中しています。そこに気を取られている。そんなときに、ひょいと、もともと考えていたアイデアが出てくるわけです。

[**アイデアは脳が勝手に考える**]

脳が油断したときアイデアが外に出てくる

ジムのランニングマシーンも同様です。走ることに一生懸命になっていると、脳が油断するのです。そんなときこそ、ひょいと考えていたことが出てくるチャンスなのです。
　だから、彼はランニングマシーンにスマホをぶら下げて、いつでもメモできるようにしている、と語っていました。

☑ 一度にアイデアを出そうとしない

　アイデアマンは、日常的にこれをやっています。デスクでウンウンうなるのではなく、むしろ外に出る。脳を油断させて、アイデアが出たらすかさずメモをとるのです。
　実は私も毎週のようにランニングをしていますが、走っているときに何かが浮かぶことは意外に少なくありません。
　そしてもうひとつ、**一度にすべてを考えようとしない**、ということも大切です。いきなりとんでもないアイデアが出てくるはずがありません。
　出てきたアイデアをメモしておいて、さらに考え続けるのです。そうやって、たくさんのアイデアを出していく。最初からすばらしいアイデアを出そうとしない。
　こんなふうに肩の力を抜くことも、脳を油断させることにつながっていくのだと思っています。

> **まとめ**
> アイデアを出すなら、デスクではなく
> ランニング中や電車の中で、脳を油断させよう。

思いついたアイデアは即スマホにメモ

アイデアはデスクで考えない、考える時間をスケジュールにも組み入れない。では、いつどこで考えるのか。答えはとてもシンプルで、「いつでもどこでも」です。

といっても、ウンウン考え込んでいるわけではありません。先にも述べたように、すでに脳は考えてくれているのです。だから、それが出てきやすい環境をつくる。

私がやっているのは、**自然体で過ごすこと**です。

ランニング中は走ることに気を取られているので、アイデアを出すのにとても有効です。ほかには、駅に向かって歩いているときや、テレビを見ているとき、食事をしているとき、買い物をしているとき、また別の仕事に夢中になっているときなど、**思わぬところで、脳の考えてくれていたものが、ぽろりと出てくる瞬間があります。**

だから、何かの拍子にアイデアが出てきたら、すぐにキャッチしてメモしておく。これが、なにより大事です。

☑ 浮かんだことを、すぐにメモする

ところが、アイデアが浮かんでいるのに別のことに気を取られて気づけない。せっかく出てきたアイデアをキャッチできない。メモをとれないということが起こる。

第5章　思考を加速させる！アイデアメモ

　これは、「アイデアとは思わぬときに出てくるもの」と認識していないことが、大きな原因ではないかと思います。**認識できていなかったから、対応ができなかったのです。**しかしもう、おわかりですよね。アイデアは思わぬところで出てくることや、メモすることが大事であることを。
　あらためて意識してみると、思わぬところで、いろいろなアイデアがいきなり浮かんでくることに気づくでしょう。人間の脳は実にいろんなことを考えています。ですから、何か浮かんだら、即メモするのです。
　スケジュール帳や仕事系ノートは、肌身離さず持ってい

[　優れたアイデアもメモしないと忘れる　]

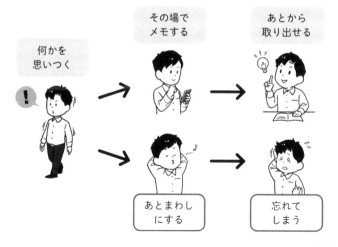

るわけではありません。休日に家では開かないでしょうし、買い物に持っていったりもしないでしょう。しかし、**そんな状況でも必ず手にしているもの、それがスマホです。**

だから、スマホにメモをするのです。あ、浮かんだ、と思ったら、すばやくメモする。そうしなければ、絶対に忘れてしまいます。忘れないために、メモをするのです。

☑ メーラーの下書きにテーマごとに

先にも記したように、私がメモしているのは、スマホのメーラーの下書きです。メーラーの下書きには、別々のタイトルのついた、たくさんのメモが並んでいます。iPhoneはパソコンとも同期しているので、パソコンのメーラーからも、スマホで保存したメールを見ることができます。

メモアプリを使う方法もありますが、**一覧できる点やメ**

[スマホとパソコンを同期させる]

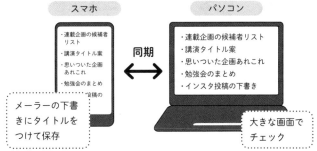

モできる量、パソコンとの同期性、そのままメールを送れる便利さから、メーラーにメモするようになりました。

連載企画の候補者リスト、講演タイトル案、SNS投稿の下書きなど、様々なテーマの下書きが保存されています。どのテーマのアイデアが、いつ浮かぶかはわかりません。

だから、浮かんできたら、関連するタイトルを見つけて、下書きに追加して上書きします。タイトルがすぐに見つけられないときは、とりあえずメモして、そのまま自分にメール送信。あとでゆっくり転記すればいいからです。

☑ アイデアメモにルールはいらない

まったく新しい企画が浮かぶこともあります。そういうときは、新しいタイトルで、新しい下書きをつくります。そこに、思い浮かんだことを放り込んでいきます。

とくにルールがあるわけではありません。**とにかく浮かんだときに、すぐにメモする。これがもっとも大事です。**

人間の脳は、日々、本当にいろんなことを考えています。そして、脳が考えたことは、様々な場面で顔をのぞかせてくれています。まずは、そのことに気づきましょう。そして、それをすかさずメモすることです。

> **まとめ**
> アイデアが浮かんだら、スマホの
> メーラーにタイトルをつけて下書き保存しよう。

日常生活で「トリガー」を探す

　そんなに都合よく、アイデアなんて浮かぶものだろうか。そんなふうに思われる方もいらっしゃるかもしれません。

　たしかにその通りで、意識しなければ、たとえ脳が考えてくれても、気づけません。**脳の奥底にあるものを引っ張り出してくるのは、それなりに難儀なこと**だからです。

　世界的に知られる、著名な芸術家の取材を今でもよく覚えています。斬新なアイデアの造形物をたくさんつくられていました。取材に行ったとき、私の最大の関心事は、いったいどうやってあれだけのアイデアを生み出すのか、でした。芸術家ですから、どこかにひとりこもって必死で考えているのではないか、と想像していたのです。

　ところが、彼の返答に私は驚いてしまいました。**アイデアはひとりで考えるのではない。**スタッフ数人とブレインストーミングをしながら考える、とはっきり仰(おっしゃ)ったのです。

☑ ブレインストーミングがアイデアを生む

　何度もお話ししているように、脳は勝手に考えてくれています。脳が考えてくれたアイデアを取り出す方法のひとつが、放送作家に聞いた脳を油断させることだったのですが、もうひとつがこの芸術家のやり方でした。**わかりやす**

く言えば、「**トリガー**」**をつくることです。**

　信頼できるチームのスタッフと、ああでもない、こうでもない、といろんな角度から、意見を出し合う。すると、ブレインストーミングで出た何かの言葉がトリガーになって、脳の奥底に潜んでいたアイデアが引っ張り出されてくる、というのです。

　なるほど、ブレインストーミングには意味があるのだとあらためて思いました。ただ、彼は、アイデアについてブレインストーミングしていたわけではありません。アイデアのことは念頭に置きながらも、まったく無関係の話や、別の仕事など、様々な話をすることが大切と言われました。

　要するに、**脳に刺激を与えることでトリガーをつくれる**のだ、と私は解釈しました。

☑ 駅までの道も、刺激に満ちている

　ひとりで仕事をしている私は、ブレインストーミングの相手がいません。でも、脳に刺激を与えることはできます。

　難しいことではありません。**世の中は刺激だらけなの**です。先に最寄り駅まで歩いている間にアイデアが出てくることがある、と書きました。これは本当にそうなのですが、実は街中も、意識すれば刺激に満ちています。

　例えば、道路の脇に植えられている植栽。季節によって、その表情は大きく変わり、家々の前に置かれているプランターも、色とりどり美しい花々に彩られています。

[脳を刺激するトリガー]

トリガー

- ブレインストーミング中にメンバーから出た言葉
- 道端で目に入った花の色
- 信号待ちをしているときに見かけたトラックの形

アイデア

- 企画のタイトルに使えそうだ!
- 新商品のパッケージの色はコレで行こう!
- 試作品はこういう形にしたら…?

よく見ると、塀に使われている塗装が、不思議な色をしている。交差点脇に立つマンションは、外壁工事をするのか、足場が組まれています。その前に信号待ちで連なっている車は、最近、明るい色が増えてきたようだ……。

こんなふうに、あらゆるものが脳を刺激するのです。

☑ 日常的に見るものがトリガーになる

あなたは最近、駅まで歩いて見たものを記憶していますか。久しぶりに行ったら空き地になっていたところに、以前までどんな建物があったのか、覚えていないということも多いのではないでしょうか。

そうなのです。かつての私もそうでしたが、人はふだん無意識に歩いている。

ところが、あらためて意識して見てみると、面白いものが、いろいろあることに気づけるのです。そして、**これこそが刺激になり、トリガーになって、何かを突然、思いついたり、思い出したり、ということにつながっていく**。

花の色。外壁工事の骨組みだけの姿。信号待ちで道路に連なる車……。それらがトリガーとなり、ひょいと何かが浮かんだりするのです。

> **まとめ**
> 街を歩くときは「トリガー」を探すつもりで
> 様々なものを観察してみよう。

電車の中もアイデアを考える場になる

　前項で、最寄り駅に向かうまでの道が刺激にあふれていたことにお気づきいただけたでしょう。しかし、それだけではありません。日常のあらゆる場面で様々な刺激をトリガーに、脳からアイデアを引っ張り出すことができます。

　例えば、通勤で利用する電車の中。朝は混んでいるので、何もすることができない、と思っている人がほとんどでしょう。**実は電車の中こそトリガーの宝庫です。**

　車内の窓の上に貼られた広告。いろんな会社の広告が掲載されています。なぜ、この会社が電車に広告を出しているのか。なぜ、この写真を使っているのか。なぜ、このキャッチフレーズを載せたのか。そんなことを考えながら広告を見ていると、いろんな思考が働きます。

　単純に興味深いということもありますが、眺めているうちに、いろんなことが思い浮かびます。「こんな企画、できるんじゃないかな」「なるほど、このフレーズはなかなかいいな」「あの本に、こういう項目も入れられるな」など。

☑ 乗客の姿を眺めているだけでも刺激的

　広告だけではありません。**周囲にいる乗客からも、たくさんの情報が入ってきます。**「カラフルな色のメガネが増

えてるな」「新聞を読んでいる人は、ほとんどゼロに近いな」「若い男性の髪形の傾向が変わってきてるぞ」など。

じろじろ見るわけではありません。パッと見ただけでも、いろんなことが目に入ってくるのです。それを意識してみる。どうしてこうなのか、と考えてみたり、何が目的なんだろう、と考えを巡らせてみたり、なるほど、こんなことになっているのか、と気づきを得たり。

そして、**そこから何かを思い出したり、ひらめいたりしたら、すぐにスマホにメモ**するのです。

窓の外に広がっていく光景も、とても面白いものです。季節の移り変わり、新しい街づくりの様子、歩いている人々の姿……。意識して眺めてみると、何かしら感じるものがあるはずです。

ドアが開いて、ホームから人が乗ってくるときにも、変化は起きます。乗り込むときに、どんな表情をしているのか。どういう態度なのか。どんな服装をしている人が多いか。とにかく、目に入るあらゆるものが、刺激になる可能性があるのです。

☑ スマホをいじっているだけではもったいない

実際、電車の中は、私にとってアイデアを引っ張り出す最良の場です。それがわかっているので、**アンテナをしっかり立てて、周囲を眺めるようにしています**。もっとも、やってはいけないのは、意味なくスマホをいじること。

[　電車の中にあふれるアイデアのヒント　]

思いついたらすかさずスマホにメモ

第5章　思考を加速させる！アイデアメモ

　大して見たくもないサイトにアクセスして時間をつぶそうとしたり、ゲームに夢中になったり。せっかく刺激が得られて、アイデアの浮かぶいい機会が目の前にあるのに、それをみすみす見逃してしまっているようなものです。
　電車の中は、ひまつぶしにしてしまうには、あまりにもったいない場だと思うのです。

　通勤時間は何もできない時間だと考えている人は少なくありません。会社に到着して、席に着いてからが仕事だと考えている。もちろん、勤務時間としてはそうなのですが、デスクより効率的に仕事ができるのであれば、通勤時間を有効に使わない手はないと思います。
　たくさんの刺激から、いろんなアイデアが出てくる。いろんな思いつきが出てくる。それを理解して、アンテナをしっかり立てておく。
　アンテナを立てていれば、いろんな発見ができます。例えば、新聞を読む人は減ったけれど、実は新書を読んでいる人はかつてより増えてきたことに気づけたりする。
　その理由は何なのか。**そんな疑問を持つことそのものが、発想力の向上につながるのです。**

> **まとめ**
> 電車の中では、乗客や広告、
> 窓の外の景色などに意識を向けてみよう。

「ひとり連想ゲーム」でアイデアを膨らませる

　本書もそうですが、1冊の本は多くの構成要素から成り立っています。本を書く際には、まずこの構成を決めなければなりません。しかし、これが簡単ではない。何時間か考えれば、スルスル出てくるというものではありません。

　では、どうするのかというと、時間をかけて、少しずつ構成要素をひねり出していくしかないのです。

　これをやるのに、私は電車の中の時間を活用しています。電車の中で受けた刺激から、思いつきをどんどん膨らませていくのです。そして、これをスマホにメモします。

　そのあと思いついたものも、メーラーの下書きにタイトルをつけて、どんどん放り込んでいきます。その時点では、最終的に構成要素になるかどうかは考えません。とにかく、構成要素の候補になりそうなものをメモしていくのです。

☑「ひとり連想ゲーム」をやってみる

　多くのケースでは、何日もかけて、構成要素を出していきます。繰り返しになりますが、デスクでは考えません。デスクで考えても、トリガーがないからです。

　だから、あえて外に出たときに考える。多くは移動中です。駅まで歩く間だったり、電車に乗っているときだった

り、取材先や打ち合わせ先に向かう途中だったり。何かに脳が反応して、「あ、これも」「そういえばこれも」と、ポツリポツリ浮かんでくるので、それをスマホにメモします。

面白いことに、なかなか浮かんでこない日もあれば、どんどん浮かんでくる日もあります。そうやって、少しずつ構成要素を増やしていくのです。

ある程度、溜まってきたら、今度は下書きに並んでいる構成要素を眺めます。**すでに出したものを眺めていると、それが刺激になって、新たな構成要素が浮かぶことがあるから。**おそらく、構成要素が連鎖的につながって、新しい思いつきが出てくるのだと思います。私はこれを、「**ひとり連想ゲーム**」と呼んでいます。

言ってみれば、**ひとりでやるブレインストーミング**です。

☑ スマホでブレインストーミングをひとりで行う

ブレインストーミングでは、何人かが集まってアイデアを出し合います。しかし、私はひとりで仕事をしているのでブレインストーミングをやろうにも、相手がいません。

しかし、**自分で出したアイデアでも、こうやって自分で反応ができるなら**、何人かで集まらなくても、ひとりでブレインストーミングができるわけです。

自分がすでに出した構成要素のメモから、いろいろな連想がつながって、新しい構成要素を出すことができる。

これも、アイデアをしっかりメモしているからできる。

[「ひとり連想ゲーム」がうまくいくコツ]

時間をかける

何日もかけてアイデアを出す

少しずつ完成させる

スキマ時間に取り組む

たくさん出す

アイデア同士を結びつける

面白がる

頭をやわらかくする

アイデアを整理する

古いものから
新しいアイデアが生まれる

第5章　思考を加速させる！アイデアメモ

　さらに言えば、そのメモを入れたスマホを、いつも持ち歩いているからできるのです。
　これは、本の構成要素に限りません。何かの企画を考えるとき、何かのToDoリストをつくるときにも使えます。
　まずは、1つでも、2つでも、思いついたことをメモしていく。そうやって少しずつ数を増やしていく。そして、ある程度増えてきたら、今度は、すでに出たアイデアを見ながら、「ひとり連想ゲーム」をやってみるのです。
　まったくゼロから考えるのはかなり苦痛ですが、何かヒントになるものがあれば、発想力が発揮されてきます。アイデアはゼロからつくるものではなく、別々のアイデアを組み合わせたものであることも多いのです。すでに出たアイデアは、そのきっかけにできるのです。
　ひとつポイントになるのは、**時間をしっかりかけて考えること**です。明日までにやらないといけない、などという急なものには、「ひとり連想ゲーム」は向きません。
　しかし、1週間なり、2週間なり、ある程度の時間を費やせるのであれば、ぜひやってみてほしいと思います。ちょっとずつ、ちょっとずつ、思いついたメモを増やしていく。時間さえあれば、実践するのは簡単です。

> **まとめ**
> ## これまでのアイデアから新しいアイデアを生み出す「ひとり連想ゲーム」をやってみよう。

スマホのメモを
ノートで整理する

　スマホにメモした企画のアイデアや本の構成要素は、移動中に、そのまま整理することもあります。

　これぞと思うものを、いくつかチョイスする。あるいは本の構成要素なら、テーマで分けて章立てに仕上げていく。**こんなふうに整理することで、これがトリガーになって、またアイデアや構成要素が浮かぶことも少なくありません。**

　それをスマホにメモし、どんどん最終的なアウトプットに近づけていきます。スマホはさすがに画面が小さいので、スマホと同期しているパソコンで作業していきます。

　『企画書は10分で書きなさい』（方丈社）という書籍は、そんなふうに書きためていた構成要素を、アメリカ・シリコンバレーへ取材に行った飛行機でパソコンを開き、章立てに組み立てました。移動時間がたっぷりあったので、それまで何週間かけてつくっていた構成要素を、行きの飛行機で整理し、さらにアメリカの取材で刺激をもらえたので、帰りの飛行機で要素を追加して整理したのです。

☑ 手書きは、スマホとは違う効能が

　ただし、スマホやパソコンで完結することはありません。小さな画面では、思い浮かぶことに限界があるからす。

第5章　思考を加速させる！アイデアメモ

　そこで使うのが、**Ａ４サイズのノートや紙**です。ラフアイデアや構成要素をどんどん出し、メモしていくにはスマホはとても便利なのですが、最終的に整理するときには、手書きのノートを使うのです。

　スマホのメモをすべて書き写すわけではありませんが、メモから発想するキーワードを書き連ねてみたり、そこから浮かんでくる別のキーワードを書いてみたりします。

　さらに、ポイントになることを箇条書きにしたり、テーマでまとめたり、図やグラフに落とし込めないか検討したり。メモはスマホでとっていましたが、この作業は手を動かして考えてみるのです。

　手書きで作業することには、スマホに入力するのとは違う効能があります。これも、連想ゲームのようなものかもしれません。手書きすることで、**スマホでは出てこなかったアイデアや構成要素が生まれることが、よくあるのです。**

[　スマホメモをノートに写すときにやること　]

☑ 手書きすると脳に刺激を与える

私は文章を書く仕事のキャリアをコピーライターから始めています。手書きで紙に書いてみる、というのは、駆け出しのコピーライター時代からやっています。

当時はまだパソコンが普及しておらず、ワープロ専用機が使われていた時代でしたが、ワープロも使いつつ、一方で手書きで考えることにもこだわっていました。

ワープロの画面に向かうのと、手書きするのとでは、何かが違うと感じていたからです。先に、手書きのほうが記憶しやすくなると述べましたが、当時すでに、手書きは脳に何かしらの影響を与えるのではないかと感じていました。

[**手書きで動き出す思考**]

最初からキャッチコピーの完成形を書こうとするのではなく、キーワードを書き連ねてみたり、思いついた言葉を書いてみたり。たったそれだけで、それまで思い浮かばなかった言葉が出てきたりする。

　おそらく、**いろんなことを書き出していく過程で、頭の中が整理されていくのでしょう。**だから、今も思考が止まったときには、ペンを取り出して手書きでいろいろ書いてみたりします。今はデジタルの時代ですが、アナログの手書きも間違いなく価値があります。

　手書きしてみるのは、仕事系ノートでもいいですし、コピー用紙でもいいと思います。
　例えば本を執筆していると、校正ゲラを毎回チェックすることになります。私はゲラにあまり赤字を入れないので、付箋でチェックした部分をメールで送ってしまうことがほとんどです。すると、大量のゲラが事務所に残されます。処分してもいいのですが、裏紙はもったいないので、アイデアを考えるときのメモ用紙として使っています。
　真っ白な紙に、思いつくままにメモを書く。あるいは、図やスケッチを描く。これがなかなか楽しいのです。

> **まとめ**
> アイデアに行き詰まったら、
> ノートや紙に思いつくことを手書きしてみよう。

Technique 44 企画は「課題」と「解決法」で発想していく

　企画やアイデアがなかなか出なくて頭を悩ませている、という声をよく耳にします。どんなに時間をかけても、いい企画が浮かばない。アイデアが出てこない。いったい、どうすればいいのか、と。

　先に『企画書は10分で書きなさい』という拙著を紹介しましたが、この本では「企画とは何か」という定義から話をスタートさせています。というのも、それが理解できていない人が少なくないからです。多くの人は、企画を考えることそのものが仕事になってしまっているのです。

　そもそも企画の目的は、何かを達成すること。もっといえば、何かしらの課題を解決することです。例えば、私が取材した会社のひとつに、お洒落なケータリング用の紙皿をつくっている会社があります。

　パーティーで使われる紙皿は、ペラペラで決してお洒落とはいえない。普通のパーティーならまだしも、ラグジュアリーブランドが、ファッション関係者を招いて新作のお披露目をする。そんな場で使うとなったらどうでしょうか。まったく似つかわしくないわけです。

　そこで、そんな場でも使えるような素敵なデザインの紙

皿をつくる。これ、立派な企画です。ただ、お洒落な紙皿という企画が、いきなり浮かんだわけではありません。

ラグジュアリーブランドがパーティーで困っている、という課題を耳にしたからこそ、アイデアが出てきたのです。

☑ 優れたアイデアマンは課題解決を考えている

私はヒット商品の開発者や優れた企画を生み出すことで知られる人たちをたくさん取材していますが、すごい企画を生み出している人たちは、必ずしも発想力で仕事をしているわけではありません。

では、その人たちが何をしているのかというと、ロジックを積み上げているのです。**企画することを最終的な目的にしているのではなく、それを使って何かを達成することを考えている。何かの課題を解決しようとしているのです。**

例えば、著名なアートディレクターは、「打ち合わせ」という意外な方法でアイデアを出していました。打ち合わせを通じて、クライアントの課題に向き合っていたのです。

[企画とは「課題」を「解決」すること]

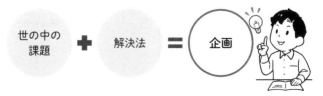

課題をどう解決するのかを考え、企画にする。実は企画とはとても身近にあって、誰でも思いつくものなのです。

☑ ノートの左側に課題を、右側に解決法を書く

　もし、アイデアや企画を求められることになったら、「課題」にこそ目を向けてみるべきです。

　課題は何かをとにかく洗い出してみる。その解決法こそが企画になります。

　私は「課題と解決発想法」と呼んでいるのですが、**A４ノートの左側に、課題を書きます。何が問題なのか、どんなことに困っているのか、どうして企画が求められるに至ったのか、思いつくかぎり書く。**

　例えば、商品企画のアイデアを考えないといけないとする。目を向けるべきは、ユーザーがどんなことに困っているか、です。それを徹底的に探る。商品の販促キャンペーンを考えないといけないなら、営業担当者がどんなことに

[「企画」を生み出すノートの使い方]

課題を書く	解決法を書く
●何が問題か ●どんなことに困っているか ●悩みは何か	左の課題をどうすれば解決できるか

課題を持っているのかを調べる。

こうして左側のページに「課題」を書き出したら、次は右側のページに、その課題の「解決法」を書いていきます。

右側に書かれたものは、すべて企画のヒントです。なぜなら、**企画は課題の解決法**だから。課題の解決法を探るという流れで企画を考えれば、いろんなアイデアが出ます。

☑ 課題解決で企画書はあっという間に書ける

本書も、課題から生まれています。うっかりを防げないか。仕事のスピードを上げられないか。アイデアが出せるようにならないか。メモをすばやくとれるようになれないか。メモを仕事にもっと活かせないか……。こんな課題をよく耳にしていたからです。

企画は課題の解決だ、ということがわかっていれば、企画書はあっという間に書けるようになります。なぜなら、課題と解決法を書ければいいからです。

どうやって企画書を立派なものに仕上げようか、などと考える必要もない。むしろ、課題をいかにしっかり聞き出し、いかに分析できているかのほうが、はるかに重要です。課題を示すだけで、十分に説得力は高まるからです。

> 企画に困ったら、先に課題を考え、
> その解決法を探ってみよう。

Technique 45 仕事に関係ない「雑感」もメモする

人は、いろいろなものを見て、アイデアや企画を思いついたり、ひらめいたりします。しかし、**すぐにメモしなければ、すっかり忘れてしまいます。**「あとで何かに使おう」と思っていても、「あれ、なんだっけ」で終わってしまう。

ニュース番組や討論番組を見ていて販促の企画を思いついたり、こんなことをやってみようとひらめいたり。

目や耳に入ってくる刺激に、人間はいろいろ反応しているはずなのです。ところが、意識していなければ、それは表に出てくることはありません。また、意識できたとしても、メモをしなければ忘れてしまいます。

こうした何かを見て自分の脳が反応していることを、私は「雑感」と呼んでいます。雑感は、アイデアとも呼べないもので、常に頭の中に思い浮かんでいます。それが、言葉にできないままになっているのではないかと思うのです。

だから、あえてメモすることに挑む。「雑感メモ」です。

☑ 考えるときに「雑感メモ」を活かす

雑感メモはいつも手元にあるスマホに入力するのが便利です。これもまた、メーラーの下書きを使います。思いついたことやひらめいたことをどんどん入力しましょう。

[ふいに雑感が浮かぶ瞬間]

こんなときがチャンス！

- テレビを見ているとき
- ランニングをしているとき
- 歩いているとき
- 書店にいるとき
- お酒を飲んでいるとき

　企画やアイデアを考えるつもりで歩いていたのに、ぜんぜん関係ないものが浮かんでくることもあります。たまたますれ違った人のランニングウェアを見て、ハッと何かを思いついたり。あなたも、たまたま書店で見かけた本から、プレゼン資料のタイトルを思いつくかもしれない。

　ぜひ知ってほしいのは、私たちは日々いろんなことを思いついたり、ひらめいたりしているということ。ですから、すべてメモしてください。そしてときどき見返すようにするのです。アイデアを考えないといけないときに、開くのも有効です。きっと、何かしらのヒントがあります。

> **まとめ**
>
> 仕事に関係ない「雑感」も、
> 思いついたらどんどんスマホに入力しよう。

「感じたことメモ」でコメント力を高める

「君はどう思う？」

あなたは上司に、こんなふうに問われた経験はありませんか。こういうとき、いいコメントをするのはなかなか難しい。しかし、**もしここでうまくコメントできたなら、上司や相手からの評価は、とても高いものになります。**

その意味では、テレビを見ていて、コメンテーターがとてもいいコメントを発しているのを見ると、やっぱりすごいなあ、と思いますよね。

ただ、そうしたコメント力も、一朝一夕にできたものではないようです。テレビのコメンテーターとして知られる、ある大学教授に取材したとき、**コメントもやはり訓練しなければ出てくるものではない**、と言われていたのです。

☑ 毎日、コメントをスケジュール帳にメモする

ある経営者にインタビューしていたとき、面白い話を聞きました。この人もテレビなどでいつも的確なコメントを発している人だったのですが、ちょっと変わったスケジュール帳の使い方をしていたのです。

経営者ですから、スケジュールはすべて秘書が管理しています。自分でスケジュールをつくることはないし、スケ

ジュール帳を開くこともない。

　ところが彼は、なぜか大判のスケジュール帳を持っていたのです。しかし、スケジュールは書かれていません。何が書かれていたのかというと、**毎日の雑感**だったのです。

　日々、自分のまわりでいろんなことが起きているわけですが、会社のことや、事業のこと、社員のこと、さらには国内外のニュースについて自分がどう思ったのか、どう感じたのか、どうすべきだと思ったのか、をそのスケジュール帳に書き連ねていたのです。

　そこで私が気づいたのは、だからうまいコメントを発することができていたのか、ということでした。何かが起きて、感想を聞かれてすぐに答えられる、**すぐにコメントできる、というのは、陰でそういう訓練をしていたからではないか**、ということです。

　その経営者は、それを今も毎日、続けています。条件反射で感想が言える力を、日々訓練して増強しているのです。コメントをメモしていくことによって、です。

　スケジュールを書く代わりに、スケジュール帳に毎日、思いをメモする。自分の感情に素直に向き合う習慣がつく。だから、すぐに感想を言えるようになる。

　なるほど、こんなスケジュール帳の使い方もあるのか、と感心しつつ、これはコメント力を鍛える習慣として誰にでもできると思ったのでした。

☑ 自分がコメンテーターだと想像する

 実際、コメントは自分の思ったことや意見ですが、それをうまく言語化することは、先の大学教授が言っていた通り、誰にでも簡単にできることではありません。

 おぼろげに思っていたとしても、当意即妙にそれを出せるかどうかは別の話。いろんな事象について考え、それに意見を持つ。そんな習慣を身につけておく必要があるのではないかと思います。

 だからこそ、トレーニングをする意味があります。**日々、自分なりにコメントを考えてみるのです。何かの物事について、感想や思ったこと、意見を、短くてもいいのでメモしてみる**のです。

「コメント」というと、みっともないものは書けないと思いがちですが、自分のメモですから、誰に見せるわけでもない。しかし、書いてみることで、確実に自分の言語化力は鍛えられます。

 それこそテレビを見ながらコメンテーターがコメントするタイミングで、自分だったらどんなコメントをするのか、考えてみてもいい。コメンテーターになったつもりで、自分なりのコメントをメモしてみるのです。

 感想や意見、コメントを言語化する力は、あらゆる場で活きてくると思います。

 例えば、朝礼で何か一言コメントする。会議で意見を

第5章 思考を加速させる！アイデアメモ

[コメント力を高めるメリット]

言ったり、質問をしたりする。友達に感想を求められたときに、堂々と言える。チャットやメールで短く、簡潔に返信する。SNSで共感を生むコメントを発信できる……。

それこそ、冒頭の「君はどう思う？」にも、きちんと反応できるようになると思います。反応できるだけの反射神経とコメント力を、鍛えられるようになります。

> コメンテーターになったつもりで、
> 自分のコメントをメモしよう。

メモを素材に「3行日記」を書く

Technique 47

　コメント力とはつまり、感じたことや思っていることを言語化する力です。そのために雑感をメモしていくことがトレーニングになるわけですが、ほかにもこの力を高める方法があります。それが、**日記を書くこと**です。

　今日どんなことが起きたのか。それに対して自分はどんなことを思ったのか。何かアクションを起こしたか。これから、どうしようと考えたのか。

　日記もまた、雑感を言語化することが必要になります。

[**時間に流されることを防ぐ日記**]

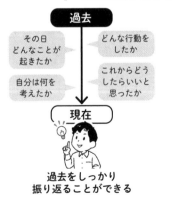

日記を書くことによって、言語化する力が高まるのです。

　日記を書いた経験がある人は多いと思いますが、長期にわたって続けている人は多くないでしょう。

　ここで推奨する日記は、長いものでなくても大丈夫です。ただ、短い日記を書くにしても、その「素材」は必要になります。それこそが、メモです。日記を書くことの効能は、日記には「素材」が必要になるので、メモに意識が向かうことなのです。出来事や思いを、「あ、日記に書くことになるからメモしておこう」と考えるようになるのです。

　メモをする習慣がつけば、言語化しようとする習慣がつきます。これは確実に、コメント力の向上につながります。

☑ あっという間に日々が過ぎてしまう理由

　日記の効能はもうひとつ、日々を記録していくことができるという点です。もちろんスケジュール帳があって、いろいろな予定が書き込まれているわけですが、1日は予定だけが動いているわけではありません。

　自分自身は、この日をどう過ごしたのか。どんな気持ちを持っていたのか。どんな思いだったか。そういうことは、スケジュール帳からは、うかがいしれません。

　思いついたことをスマホにメモするといっても、日付をメモしているわけではありませんから、時系列になっているわけではない。仕事系ノートも、生きる上での気持ちや思いまでは書きません。しかし**日記であれば、そうした心**

の変化も含めて、記録に残せます。

　毎日はあっという間に過ぎていきます。気がついたら、数カ月、1年、2年と過ぎていた。そんなふうに感じている人も少なくないでしょう。毎日をきちんと意識していないと、日々は流されるまま、過ぎていってしまいます。

　それこそ、3日前に何をしていたのかも思い出せない。1週間前も、1カ月前も、ぼんやりとしか覚えていない。

　それは、記録されていないから、忘れ去られてしまうのです。日記をつけることによって、それらを忘れずに済む。自分が生きていた証しを、しっかり残せるのです。

☑「3行日記」ですっきりと1日を終える

　そうはいっても、日記を書くのはやっぱり大変そう、と思っている人に、いい方法があります。「3行日記*」です。

　3行日記とは、「今日一番失敗したこと」「今日一番感動したこと」「明日の目標」の3つだけを寝る前に1行ずつ書く、というもの。内容は仕事に関することでもプライベートでもかまわない。どんなことを書いてもいい。

　実はこれ、健康にもいいそうで、自律神経をコントロールでき、病気も予防できるとのこと。理由は、まず「一番失敗したこと」でマイナスのことを吐き出してしまえること。ネガティブな出来事を振り返らずに素通りしてしまうと、自分で気づかないうちに未消化のストレスが溜まって

＊3行日記：順天堂大学医学部の小林弘幸教授が提唱。寝る前に書くことで自律神経を整え、心身をリセットする効果が期待できる

[「3行日記」の書き方]

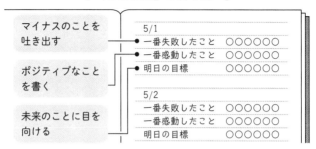

いくのだそうです。そして「一番感動したこと」で、ポジティブなことを書く。これでストレスが解消されます。

やり遂げたこと、人間関係でよかったこと、感銘を受けた本や映画のことなどでもかまわないそうです。さらに「明日の目標」。今、関心を持っていることや未来に向けてのビジョンを書く。これでポジティブな気分になれます。

つまり、**悪かったことを吐き出し、よかったことを書いていい気分で明日に意識を向けられる**、ということです。3行日記用のノートも販売されています。日々の記録を残し、「素材」を集める目的で文字を書くことを意識する。これが言語化力を高めてくれると思います。

> **まとめ**
> 「今日一番の失敗」「今日一番の感動」
> 「明日の目標」で3行日記を書いてみよう。

嫌なことをメモで吐き出す

　私はこれまで、3000人以上に取材をしています。中には、事業で成功したり、有名になったり、経済的にうまくいったりした人もたくさんいました。

　それなりの名声や富を手に入れることができれば、いわゆる不安のようなものはなくなるに違いない、と思っていたのですが、取材で聞いた話は違いました。**不安は消えるものではない、**というのです。

　大臣を務めた人も、何十年も芸能界のトップランナーとして走り続けている人も、常に不安を感じていると言われていました。巨額の資産を持っている経営者も同じでした。**みんな不安で、誰もが悩んでいたのです。**

　では、不安にどう向き合えばいいのか。ある精神科医は、不安になるのは、「その正体がぼんやりとしているから」だと断言しました。はっきりとしていないモヤモヤが、不安や悩みになる。そして、そこから逃げようともがくほど、不安や悩みも強くなるのだと。

　やるべきは、不安や悩みと真正面から向き合うことです。どんなものが不安をもたらすのか、明らかにする。すると、大きな不安や悩みに襲われたり、不安や悩みに押しつぶされたりすることがなくなるのです。

☑「自分」について書いてみると不安は消える

 ぼんやりしているから、やってくる不安。そこで、ぼんやりさせないための有効な方法があります。それが、文字にしてしまうことです。**不安をメモなり、コメントなり、日記なりで吐き出して「見える化」してしまうのです。**

 誰かに見せることを前提に、自分の体験や感想を書くのではなくて、自分の本当の気持ちを吐露できるような機会を、しっかり持っておくことです。苦しい思いやつらい思い、不安や悩みについて、文字にしてしまうのです。

 そうすることで、自分の中のモヤモヤをクリアにできます。不安や悩みを明らかにできます。**しっかりとした文章でなくても、断片的なメモを書き連ねるだけでも十分。**

 実際、どうも不安だったり、モヤモヤしたりしていたけれど、文字にしてみると、「なんだ、こんなことで悩んでいたのか」と気づけたりします。

 文字にして「見える化」してしまえば、ぼんやりした不安に襲われることはなくなるのです。

☑ 昔の人たちが日記を書いた理由

 昔は多くの人が、日記を書いていました。文豪たちも日記を残しています。それは、日記に「効能」があったから。

 誰に見せるわけでもない日記を書くことによって、不安や悩みをぼんやりさせずに済んだ、ということでしょう。

[ノートでネガティブな感情を消す方法]

自分の中にある
モヤモヤとした感情を
ノートに書き出してみる

「こんなことで悩んでいたのか」
と、モヤモヤが消える

もっといえば、日記を書くことによって、自分を客観視できたのです。例えば、嫌なことがあってムカムカしながら日記を書く。そうすると、書いているうちに、だんだん冷静になってくる。「なんだ、こんなことでムカムカしていたのか。たいしたことじゃないじゃないか」と気づく。
　客観視することによって、心を静められるのです。

　前項でも「3行日記」のメリットや書き方を紹介しましたが、もはや、日記としての体裁にこだわる必要すらありません。**嫌なことやストレスになりそうなことがあったら、文字にして吐き出してみる**のです。
　モヤモヤを心の中に溜め込むことなく、言語化して外に出す。そうすることで、ふっとラクになれるかもしれません。嫌な気分がさっぱりするかもしれません。ストレスを溜め込むようなことにならずに済むかもしれません。
　不安を書いたメモを捨てる、あるいは一度書いた文字を消すことで不安を解消する、という方法もあるようです。
　ときには、自分のことについて日記のようなものを書いてみることです。それが、不安をもたらすモヤモヤを防いでくれる。心をすっきりさせてくれるのです。

> まとめ
> **不安やストレスを解消するために、メモを書いたり日記をつけたりしてみよう。**

夢や目標をメモに書けば実現する可能性が高まる

ポジティブなことも、メモに書いていきましょう。

こんな研究が知られています。アメリカで成功者の共通点を調査したケビン・ホーガンという人によるものです。

ハーバード大学の学生を対象に、10年にわたって追跡調査をしたところ、**自分の人生の目標を紙に書き出していた卒業生が、圧倒的な収入を得ていた**、というのです。

その数わずか3％。この3％が、残り97％の人たちの収入すべてを合わせても及ばないほどの収入を得ていたそう。

卒業生の多くは、成功を頭に思い描いていたはず。しかし、頭で思い描くだけではなく、紙に書いていたことが、その実現の可能性を高めたのではないか、というのです。

これは、心理学で「思考の外在化」と呼びます。**書くこと、外にアウトプットすることによって、頭の中にぼんやりと考えていることが、より鮮明になる**、ということです。

だから、夢や目標は、メモしたほうがいい。どんどん文字にしていったほうがいいのです。

☑ 夢に気づいていない人がいる

夢や目標というと、「別に夢なんて持たなくても……」という言葉が返ってくることがあります。

第5章　思考を加速させる！アイデアメモ

　なんともったいないことでしょう。あなたは夢や目標を叶えられる、大きなポテンシャルがあるかもしれないのに。

　自己啓発の世界で著名な人の書籍をお手伝いしたとき、面白い話を聞きました。**夢や目標は知識だ**、というのです。

　大リーグで大活躍したイチローさんがもし、大リーグという世界を知らなかったとしたら、どうか。大リーグに行くことを夢見たでしょうか。そしてあんなに活躍できたか。

　その書籍の著者は、かつて自身が聴講したセミナーで、こんな問いかけをもらったのだそうです。

「紙に書いた夢は、ただ心に思っているだけの夢よりも叶いやすいですよ。夢を100個、書き出してください」

　いちばん後ろの席で斜に構えて聞いていた彼は、そんなことあるわけないだろ、とつぶやいたそうです。それでもちょっと気になってやってみた。夢を100個、書き出してみる。面白そうだな、と。しかし、やってみて驚愕した。

[　目標を書くことで高まる実現の可能性　]

紙に書き出した３％の人が目標を実現させ圧倒的な収入を得る！

100個書けなかったからです。30個は浮かぶけれど、その先が出てこない。そこで彼は、夢は知識だと知るのです。

☑ 夢を100個、書いてみる

人は、自分が身を置いているレベルのことには詳しい。しかし、ちょっとでも上を向いたなら、もう真っ白になってしまう。知識がないからです。

夢を100個、書いてみようとすると、**自分には知識がまるで足りないことに気がつきます。それなら、上の世界のことを知ろうとすればいい。**彼はこう語りました。
「自分を本当にワクワクさせるものを知らない人生なんて、寂しいじゃないですか」

世の中には、心からうれしくなるような夢があるかもしれないのです。**100個の夢を書く。ぜひ、あなたもやってみてください。**

どれくらい、夢のような知識を持っているか。もし、夢に描けるようなことが少ししかないなら、素晴らしい夢があるはずなのに、それを知らないことを意味します。

夢という言葉が適切でなかったとしたら、「やってみたいこと」でもいい。楽器を弾けるようになりたい。あの国を旅してみたい。あんな車に乗ってみたい。小説を書いてみたい……。そして、その一つひとつを紙に書いてみる。

先に、脳は勝手に考えてくれている、と述べました。実は、**「こうなりたい」と紙に書けば、脳はそれをあらため**

てちゃんとインプットします。そして、その実現のために、動き出してくれるのです。

　先の自己啓発の世界で有名な彼は、そのセミナーに参加したあと、書いた夢が次々に叶っていったのだそうです。

　夢や目標、やりたいことを今すぐメモしてみることです。これは、どこにメモしてもいい。スケジュール帳の端っこでも、仕事系ノートでも、スマホでもかまわない。

　メモを書くこと自体に意味があります。思いついたら、どんどん書くのです。そして、**ときどき見返す。そうすることで脳が思い出し、実現の可能性が高まっていきます。**

[　実現に近づく「やりたいこと」のメモ　]

- こんなプロジェクトを手がけたい
- 年収○○○万円ほしい
- ギターがうまくなりたい
- 小説を書いてみたい

紙に書くとやりたいことが脳にインプットされる → 実現のために行動するようになる

まとめ　スケジュール帳か仕事系ノートに、自分の夢を100個メモしてみよう。

Technique 50 「やりたいこと」「欲しいモノ」をリスト化する

　夢や目標、やりたいことはひとつである必要はありません。どんどん出して、リストにすればいいのです。「やりたいことリスト」です。100個の夢がすぐに出てこないように、「やりたいこと」もすぐには出てこないかもしれません。だから、時間をかけて少しずつ出していくのです。

　自分はどんなことをやりたいか。ワクワクできることはどんなことか。飛び上がらんばかりにうれしくなることは。言うまでもありませんが、こういうことを考えている瞬間は、誰しも楽しいものです。これもやってみたいなとメモし、こういうのもあるな、とさらにメモに加える。

　考えているだけでいい気分になりますし、うれしくなります。つまり、楽しい時間を過ごせるということ。

　つまらないことに心の中を占領されていても、ちっともいいことなどありません。それよりも、ワクワクするようなことを考えたほうがいい。やりたいことを考え、メモをとるのは、そういう時間にできるのです。

☑ 理想の仕事、暮らし方を細かくイメージする

　やりたいことリストだけでなく、「欲しいモノ」もどんどんメモして、リスト化していけばいいと思います。

第5章　思考を加速させる！アイデアメモ

　フリーランスになって30年、今でも独立したてのころ、ある起業家へインタビューしたときのことを覚えています。
　私自身は20代を、まったく思うようにならない苦しい時代として過ごしていました。就職もうまくいかず、転職も思うような結果が出ず、再就職したら会社が倒産。そこから、フリーランスの道に踏み出すことになったのです。
　いわゆる成功者の人たちにインタビューする機会を得て、真っ先に頭に浮かんでいたのは、うまくいった人たちと、うまくいかなかった私の20代は何が違ったのか、でした。
「どうすれば成功して、こんな素敵なオフィスを構えられるんでしょうか」
　すると起業家はにっこりしながら教えてくれました。
「自分が成功している姿を、徹底的にイメージしなさい」

[　夢が実現するリストづくり　]

やりたいことリスト
□小説を書く
□バンドを組む
□…

欲しいモノリスト
□万年筆
□ギター
□…

書いているうちに楽しくなってくる

できるだけ具体的にイメージする

どんなところで働いているのか。どんなデスクがあり、どんなテーブルがあり、どんな壁の色で、どんな観葉植物があるのか。プライベートも同じ。どんな家に住んでいるのか、どんな広さで、どんな車に乗っているのか。

　とにかく具体的にイメージをしなさい。それが具体的であればあるほど、数年後には実現しています。そう断言されたのでした。

　こんなふうに働きたい。こんな家に住んでみたい。こういう想像をするのは、楽しくて仕方がないことです。私は夢中になって、考えました。そして驚くべきことに、本当に数年でほとんどのものが手に入っていたのです（猛烈に働くことにはなったのですが）。

☑ 自分の幸せが定義できないと幸せになれない

　夢や目標、やりたいことを考えたり、理想の暮らしをイメージすることは、「こうなっていたい」と自分を見える化することです。

　見える化するからこそ、ではどうすればいいか、がわかるし、そのための具体的な行動に移ることができる。

　もっともやってはいけないのは、ぼんやりと幸せや成功を求めてしまうことです。なんとなくの幸せ、なんとなくの成功。実は、そんなものは世の中にはないのです。いくら追いかけても見つけられない青い鳥と同じです。

　私には『幸せになる技術』（きずな出版）という著書があ

りますが、このタイトル通り、幸せになるには技術が必要です。それは何かといえば、「自分の幸せとは何か」を定義することにほかなりません。

「自分はこれが幸せ」が定義できていないのに、どうやって自分の幸せに近づくことができるのでしょうか。

ところが、日本ではほとんどの人が自分の幸せを定義できていません。だから、なんとなくぼんやりした社会的な成功、誰かの成功を追いかけてしまうことになる。結果として、日本はこんなに豊かなのに、人々の幸福度は決して高くないのです。

必要なのは「これが自分の幸せ」と定義することです。そのために、夢や目標、やりたいことのリストや、欲しいモノのリストは大いに活きてくると思います。

つまりは、**どうすれば自分は幸せになれるのか、を考え抜くことです。そのために、メモを使うのです。**私がやったように、理想の仕事や暮らしを細部まで具体的にイメージし、その一つひとつをメモに落とし込んでもいい。

難しいことはありません。むしろ、ワクワクする、楽しい時間になるのです。

> **まとめ**
> 自分が幸せな人生を送っている姿を、
> 具体的にイメージし、ノートに書いてみよう。

週明けが楽しくなる「週末にやることリスト」

平日は頑張って仕事をして、週末を楽しみしている、という人も少なくないでしょう。ところが、あんなに待ちに待った週末なのに、何をするでもなく、なんとなく土日が終わってしまって残念だった、という人もいます。

こうなると、月曜日が憂鬱です。また次の週末だけを楽しみにしながら、週明けを迎えることになりかねません。

一方、週末にやりたいこと、やるべきことをしっかりこなして、すっきりと週明けを迎える人もいます。どちらがモチベーション高く仕事ができるか。結果を出せそうか。

絶対に避けるべきなのは、ダラダラと何もしないまま週末を過ごしてしまうことです。何もしないことを目的としているのならまだいいのですが、本当はやらないといけないことがあったのにできない。

これは二重の意味で、自分を傷つけます。ひとつは、実際にやるべきことができなかったこと。そしてもうひとつは、**そんなみっともない自分を自分で見ていることです。**

☑「誰も見ていない」はウソ

とても興味深い話を教えてくれたのは、ある外資系企業の元副社長でした。

第5章　思考を加速させる！アイデアメモ

　かつて一戸建てに住んでいたとき、ときどき玄関の前にビールの空き缶やタバコの吸い殻が落ちていることがありました。おそらく誰かが夜仕事帰りにコンビニでビールを買い、飲みながら帰ったのでしょう。そして、飲み終わった地点が、たまたま私の家の前だったので捨てていった。

　ひどい話です。しかし、私は犯人を見ていませんから、咎めようもない。おそらく、犯人もそう思ったのでしょう。夜中だし、誰も見ていないから、本当は悪いことだけど、面倒だからここに捨てていってしまおう、と。

　元副社長はこう言いました。**こういうとき、犯人は誰も見てないだろうと思っている。しかし、実はひとりだけ、その姿を見ている人がいる。それは誰あろう、自分自身だ、**と。誰も見ていないのではない。自分が見ているのです。しかも、悪いことだと思ってやっているわけですから、悪いことだと自覚している。

　つまり、こういうことです。**自分はひどいことをする人間だ、と自分で自分に刷り込んでいるようなものなのです。**自分を激しく傷つけている、ということです。

　ネットに、匿名だからといって罵詈雑言(ばりぞうごん)を書き込むのも同じ。イタズラで人を困らせるのも同じ。

　週末にやるべきことをやれなかった、いや、やらなかった自分も同じです。週末に充実した時間を過ごせなかったというだけで、自分をダメにしてしまっているのです。

☑ リスト化していれば、できる

 だから、メモを使うのです。**なぜ、やるべきことができないのか。やるべきことが、ちゃんと見える化されていないからです。リストになっていないからです。**

 この週末はこれをやろう、とリスト化する。そのために、もともとやらなければならないことは、ちゃんとメモしておく。思いついたこともメモを残しておくことです。

 そうすれば、週末にやることが見える化され、はっきりします。これをやろう、と決めていれば、身体も動きます。

 楽しくやれることをリストに加えたらいいと思います。チェックボックスをつくれば、塗りつぶすのが、これまた楽しくなります。

 ダラダラと過ごして、やらないといけなかったことができなかった、ということを防げるのです。

 休みの日までメモのリストに追われなくても、と思われるかもしれませんが、リストがあったほうがラクチンなのです。考えなくていいから。そして、朝起きたら、リストの上から順に、どんどんやっていけばいいのです。

 やるべきことをきちんとこなせた日曜の夜は、すっきりさっぱりしているはずです。心置きなく、月曜日からまた仕事に向かえるのです。

 そして何より、やるべきことをちゃんと達成した自分がいます。人は見ていなくても、ひとりだけそれを見ている人がいるのです。誰あろう、自分です。ちゃんとこなせ

第5章 思考を加速させる！アイデアメモ

た自分を見て、自分に自信が持てる。自分を肯定できる。「やるじゃないか」と思える。

　小さなことに思えるかもしれませんが、こうした小さな日々の営みが、自分の人生を豊かにしていくのです。

[　自信が持てる「週末にやることリスト」　]

□思いついたらメモ
□楽しいこともリスト化
□やり終えたらチェックボックスを塗りつぶす

●週明けの気分がすっきり
●仕事のモチベーションもアップ

週末にやりたいことをリスト化し、
楽しみながらそれをこなしていこう。

Technique 52 メモは「本当の自分」を知るのに役立つ

もっと自分のことが知りたい。どんな傾向があるのか、どんなことに向いているのか……。昨今、自己分析をしたいというニーズが強いようです。いろいろな分析ツールもありますが、注意しなければならないのは、自分自身の思考や見方にバイアスがかかっていないかということです。

日本語で「偏向」や「先入観」、「思い込み」と言いますが、**こういうタイプなのではないか、あるいは、こういうタイプであってほしい、という気持ちが少しでも自分の中にあると、知らずしらずに、そちらに向かってしまいます。**

本当の自分を知る上で、障害になるのが、バイアスです。人は無意識のうちに、いろいろなバイアスがかかっています。

[行動を妨げる「バイアス」]

自分は
コミュニケーションが苦手

実際にコミュニケーションが
苦手になってしまう

バイアス

偏向
先入観
思い込み

☑ バイアスを壊してくれるメモ

バイアスの怖さは、自分はそんなものには左右されない。正しく情報を選んでいる、と思い込んでしまっていることにあります。しかし、情報を選ぶ時点で、すでにバイアスがかかっていることに気づかないといけません。

人は、自分が読みたい情報、見たい情報だけを見ています。そうやって、バイアスはますます強固になります。

このバイアスを壊すのに、とっておきの方法がメモなのです。ふと思いついたこと。自分の中にふいに浮かんできた思い。何かの拍子に出てきた感情……。

そういうものは、考えて出てきたわけではありません。ごく自然に、まっさらな状態の中で出てきたものなのです。

だからこそ、キャッチしておく価値があります。それこそが、本心。本当の自分の思いだから。

例えば、自分にはとくに目標はないと思っていたけれど、メモを見返すと、やりたいことを持っていたことに気づいたりするのです。そうしたメモを、自分を知るヒントにしていく。時間をかけて、自分を知っていく。メモは、自分を知るツールにもなるのです。

ふいに浮かんだことをメモして、
そこから「本当の自分」を探ろう。

第5章のまとめ

MEMO BEST METHOD

- ☑ アイデアは、デスクではなく、電車の中や街を歩いているときに生まれてくる。

- ☑ 新しいアイデアを生み出したいなら、「ひとり連想ゲーム」をやってみよう。

- ☑ アイデアに行き詰まったら、ノートに文字や図を手書きすると突破口が見えてくる。

- ☑ 企画を立案するとき、「課題」とそれに対する「解決法」を考えるとうまくいく。

- ☑ 自分の夢や週末にやりたいことをメモしておくと、実現しやすくなる。

第6章

文章力の決め手!

素材メモ

記者は何をメモして記事を書いているのか

30年もフリーランスで文章を書く仕事をしていますが、もともと書くことは好きではありませんでした。むしろ作文や読書感想文は、子どものころから大嫌いでした。

書くのが苦手という方は意外に少なくありません。では、なぜ私はプロのライターとして書けるようになったのか。

駆け出しのコピーライター時代、**300字を書くのに1日かかっていた私が、今では1日1万字から2万字を書くことだってある**。私は、文章スクールに通ったこともないし、文章の書き方を指南する本を読んだこともありません。そんな私でも、**書けるようになったのは、文章とはなんなのか、その本質に気づいたからです**。

振り返ってみると、大人になってから文章の書き方を誰にも教わっていない、という方がほとんどだと思います。では、作文はいつ教わったのか。小学校のときです。そのとき教わった作文とは、どんなものだったでしょうか。

文章のお手本として教科書に出てくるのが、文豪の格調高い文章だったり、評論家の小難しい文章だったり、よく意味のわからない詩だったりするわけです。

書くことを推奨された作文も、作文の得意な優等生が書くような、「立派な文章」だったのではないかと思います。

第6章　文章力の決め手！素材メモ

　文章を書くとき、今も多くの人がそうした「立派な文章」を書かなければいけないと思い込んでいます。

☑ 書くのが苦手な理由、時間がかかる理由

　しかし、ビジネスに使う文章に、誰も「立派な文章」を求めたりはしません。ウイットの効いた言い回しなんてメールには必要ないし、古めかしい慣用句はレポートには似つかわしくありません。用件さえ伝わればいいし、必要な情報が盛り込まれていればいいのです。

　なのになぜ、書くのが苦手で嫌いになるのか。それは「立派な文章」にしようと、表現を考えてしまうからです。「言い回し」も「慣用句」もいらないのに、「何かいい言葉はないか」「ふさわしい形容詞はないか」「心を動かすような表現はないか」などと考えてしまうのです。

　実際にコピーライターとして駆け出しの時代、私はまさにそれをやっていたのでした。だから、時間がかかってしまった。なんとか「立派な文章」「うまい文章」を書こうとして、こねくり回していたのです。

　しかし、今はまったくそんなことはしません。文章とは何か、を理解したからです。おぼろげな気づきがはっきりとした確信に変わったのは、実は LINE がきっかけでした。

　文章が苦手で嫌いだという人も、LINE は嬉々としてやっていたからです。どうして、LINE は書けるのか。

　答えはシンプルで、**LINE は必要な情報だけをやりと**

りするからです。私はそれを「素材」と呼んでいます。LINEは、「素材」しかやりとりしていない。でも、きちんとコミュニケーションは成立していたのです。

☑「素材」さえあれば、文章は書ける

つまり、「素材」があれば、読み手に必要なことは十分に伝わる、ということです。うまく表現しようとしたり、慣れない言葉を使おうとしたり、そんなことしなくていい。「素材」を並べるだけで、十分に文章になるのです。

そして**文章の「素材」とは、事実、数字、エピソード（コメント＝会話文）だということに気づきました。その3つだけで文章はできている**のです。

実際、小説やエッセイなどを別にして、大人が読む文章、例えばウェブサイトのビジネス記事などをよくよく読んでみてほしいのですが、「素材」しか入っていないのです。

うまく表現するような言葉もなければ、慣用句もない。背伸びした立派な文章が書かれているわけではない。それで十分なのです。

文章を書くときに必要なのが、この「素材」のメモなのです。「素材」をしっかりメモしていさえすれば、文章を書くのに困ることはもうありません。書くことがないとか、なかなか筆が進まない、ということもなくなります。

実際、記者は必ずメモ帳を手にしているでしょう（最近はスマホで記録する人も多いようですが）。あれはまさに、文

章の「素材」を調達しているのです。それをメモしている。

日々、記事を書き慣れている記者とて、「素材」のメモがなければ書けません。なぜなら、文章は「素材」でできているからです。

私も同様です。「素材」がなければ書けない。「素材」があるから、スラスラ書けるのです。

この事実を知ったとき、こう思いました。

「なんだ、これでよかったのか」

文章に必要なのは「素材」のメモだったのです。

[　文章が書ける「素材」の要素　]

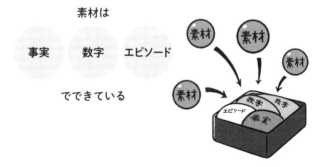

文章を書く前に、
「素材」を集めることを考えよう。

文章の奥義 「形容詞を使わない」

Technique 54

　文章の「素材」とは何なのか。どうして「素材」を使うとスムーズに書けるのか。わかりやすい話があります。

　先に、300字を書くのに1日かかっていたと述べましたが、何を一生懸命考えていたのかというと、表現を考えていたのです。もっといえば、形容する言葉です。

　私は会社員時代、リクルーティング領域の広告をつくる仕事をしていましたが、新人コピーライターがやりがちな人材募集のキャッチコピーの代表例といえばこれでした。
「当社は、いい会社です」

　いかがでしょうか。これでは会社の魅力はまったく伝わりません。そこで「いい」に変わる表現を考えるわけです。「素敵」なのか「美しい」なのか「すごい」なのか「立派」なのか……。これを考えるのに、時間がかかる。しかし、いずれどれも代わり映えしないことに気づくのです。

　では、どうするのか。**「素材」を使うのです。**例えば、

・この5年間、誰も辞めていない
・社長が誕生日に社員の家族に花を贈ってくれる
・10年間、ずっと右肩上がりの売り上げを続けている

　どうでしょうか。「いい会社」と、この3つの表現では、どちらがより魅力が伝わるでしょうか。

これこそが、「素材」です。先にも書いたように、事実、数字、エピソード（コメント）です。

　文章をこねくり回して、気の利いた言葉を探そうとするよりも、「いい会社」を象徴するような**事実、数字、エピソードに目を向ければいいのです。それをそのまま書くだけで、十分に「いい会社」であることが伝わる**のです。

☑「素材」を使うから、伝わる

「素材」に目を向ける最適な方法は、**形容詞を使わない、形容する言葉を使わない**、ということです。「いい」という形容詞を使わない、あるいは「いい」に似た言葉で表現しないと決めると、「素材」に目を向けざるを得なくなります。

　別の例を出してみましょう。「すごく寒い」という表現があります。これを文章にするのに、「すごい」も「寒い」も使わないとすればどうするか。

・温度計は氷点下10度を指していた
・軒下のツララは20センチにもなっていた
・吐き出した息はあっという間に真っ白になった

どうでしょうか。これもまた事実、数字、エピソード＝「素材」です。「すごく寒い」と書くよりも、よほど寒さが伝わったはずです。**「素材」を使うだけで、形容詞や表現する言葉よりも、はるかに伝わる文章になる**のです。

　そして形容詞は文章を幼稚にする、ということも覚て

おくといいと思います。
- 今日は楽しかった
- 図工が面白かった
- 動物をたくさん見た
- 勉強が大変だった

小学生がよく書く作文に、こういうものがありますが、いずれも形容詞で書かれています。形容詞を入れると、具体性のない陳腐な文章になってしまう危険があるということです。だから、形容詞を使わないようにする。形容詞を使わない、と決めると、「素材」＝ 事実、数字、エピソードに意識が向かうようになるのです。
- どう楽しかったのか
- 何が面白かったのか
- 何匹見たのか
- どう大変だったのか

という「素材」にこそ目を向け、それをメモするのです。

[メモしておくとあとで使える「素材」]

今日は楽しかった	どう楽しかった？
図工が面白かった	何が面白かった？
動物をたくさん見た	何匹見た？
勉強が大変だった	どこが大変だった？

形容詞ではなく「素材」を使えば文章はスラスラ書ける

☑ 文章をゼロから書かなくていい

「素材」に目を向けるだけで、文章のレベルが上がります。形容詞をできるだけ使わないようにすることで、幼稚な文章を避けることができるからです。そして、格段に伝わりやすい文章になります。

「素材」があれば、書くスピードが上がります。理由は単純で、形容する言葉を考えなくていいからです。つまり、言葉を探す時間がなくなるからです。

もっといえば、**文章をゼロから書かなくてよくなります**。「素材」を使えばいいからです。「素材」をメモしておいて、そこから文章を組み立てていけばいいのです。

「素材」さえあれば、文章はスラスラ書ける。

これは実際、私自身がそうでした。形容する言葉を考えるのではなく、「素材」に目を向けるようになってから、苦手で嫌いだった文章が、なんの苦もなく書けるようになっていったのです。

文章を書くために必要なことは、「素材」に目を向けること、「素材」をメモすることなのです。

> **まとめ**
> 素材となる「事実・数字・エピソード」を
> 集め、メモしてみよう。

文章は「素材」を メモすることから

さて、「素材」をメモするとはどういうことか。
わかりやすい話があるので、説明しましょう。

私には娘がいるのですが、小学校の授業参観のとき、親に感想文が求められたことがあります。300字ほどの感想文でしたが、学校に提出をするわけですから、保護者のみなさんは、なかなかに苦戦されているようでした。

中には週末、何時間も使って、わずか300字ほどの感想文を書かれた人もいると聞きました。そんな中で、パパ友のひとりから、こんなふうに言われたのです。

「上阪さんは書く仕事をしているから、こういうのを書くのもきっと早いんでしょうね」

たしかに、私は**3分かからず書き上げ**ていました。なぜそんなに早く書けたかというと、**「素材」があったからです。**

事前に感想文の提出があることを聞いていたので、私は学校に着いてから、ずっと観察を続けていたのでした。

受付には、どのくらい人が並んでいるのか。保護者の様子はどうか。下駄箱にはどんな準備がされているか。

教室の雰囲気はどうか。壁には何が貼られているか。印象に残る掲示物はあるか。授業をする先生の様子はどうか。印象に残る言葉はあるか……。

難しいことではありません。あとで感想文を書くつもりで眺めていれば、いろんな情報が入ってきます。それを、せっせとスマホのメーラーの下書きに入れていくだけです。こうして私のスマホには、感想文に求められた300字どころではない量の「素材」が収められていたのです。

☑ アンテナを立てれば「素材」がぎっしりと

おそらくほかのパパ友も、私と同じように受付を済ませ、下駄箱に行き、教室に入り、掲示物を見て、先生の授業を聞いたと思います。もしかしたら、私以上に素晴らしい感想を持った人もいるかもしれない。

しかし、そこでメモをとっていなかったから、忘れてしまったのです。何を見たか、何を感じたのかも、思い出せない。それを家に帰って、週末に思い出そうとしたから、何時間もかかることになってしまったわけです。

[文章づくりに役立つ「素材メモ」]

私の場合は、スマホに「素材」がぎっしり入っていますから、使えそうなものを取り出して、そこに軽く感想をかぶせたりして、あっという間に書けてしまった。

　もし私が「素材」をメモしていなかったら、こうはいかなかったでしょう。とてもではないですが、見たこと、聞いたことをすべて覚えていられなかったと思います。

　だから、「あとで文章を書くための素材を集めるぞ」と意識していたのです。そうすると、どんどんアンテナが立っていった。

「お、これもメモしておこう」「あれもいいかもしれないな」「これも書けるかも」とばかりに、どんどんメモが増えていったのです。こうして、とても書ききれないほどのメモがスマホの中に収められることになったわけです。

☑「目的」と「読み手」から「素材」を考える

仕事で使う文章もすべては「素材」でできているといっても過言ではありません。

　例えばメールを書くときにも、求められるのは事実、数字、エピソード（コメント）の「素材」です。だから、メールを書く前に「素材」を整理したり、書き出したりしてみればいい。まったくゼロから文章をつくろうとするから、苦労することになるのです。

　ビジネスの文章では、必ず「目的」があって、主たる

「読み手」がいるはずです。それを意識することで、「素材」はより見つけやすくなります。**相手に対して、どんな「素材」が必要なのか。まずは、そこから考えましょう。**

例えばメールの「目的」には、お礼、提案、確認、謝罪、問い合わせなどがあります。こうした目的に頭をめぐらせてみるのです。

また「読み手」をはっきりさせることも重要です。

例えば、お客さまの会社の担当者に書くのと、取引先の上司に書くのと、自分の会社の役員に書くのとでは、メールの内容は変わってきて当然です。

なぜなら、何度もやりとりしている窓口の担当者と、一度挨拶しただけの上司と、一度も会ったことのない役員とでは、必要となる情報に違いがあるから。

「目的」と「読み手」を意識すると、必要な「素材」はイメージしやすくなります。

そして「素材」が見つかったら、面倒でもそれを必ずメモしておく。見える化するのです。

それらを組み合わせて、文章にしていくことで、すばやく書けるようになります。

まとめ

文章を書く必要に迫られたら、
アンテナを立てて「素材」を集めよう。

「素材」に時間をかければ長い文章も書ける

　それでなくても文章は苦手なのに、長い文章を書くのは、本当に嫌で……。こんな声を耳にすることもあります。

　しかし、文章を書くことが嫌いだった私が、今はこうして平気で長い文章を書いているわけですから、誰でも書けるようになります。これは間違いありません。

　そもそも長い文章と短い文章の違いは何かというと、端的に「素材」の量の違い、なのです。「素材」が足りなければ、文章のボリュームは増えていきません。

　それなのに、たくさん文章を書かないといけない、どうしよう、と強迫観念ばかりが先に立って、「素材」をたくさん集めるというところに意識が向かわないから、「長い文章が書けない」ということになってしまうのです。

　では、長い文章を書くための「素材」はどう準備していけばいいのか。出張のレポートのように「素材」が自分の外にあるときには、それほど困ることはありません。

　問題は、**「素材」が自分の外にない場合**です。例えば、社内報に掲載するための自己紹介文を求められた。こういうとき、まずやらないといけないことは、「目的」と「読み手」の確認です。

☑ 頭の中にある「素材」をメモ

　社内報ですから「読み手」は社員ということになりますが、問題は「目的」です。ひとくちに社内報の自己紹介といっても「目的」は様々だからです。

　例えば、「社員の知られざる一面を書く」。あるいは「プライベートの楽しみ」。あるいは「仕事で一番好きなこと」。

　このように、**単に自己紹介といっても、実は様々なバリエーションがあります。要するに「真の目的」が何かです。**
「真の目的」を確認せずに、普通に自己紹介文を書いてしまうと、「いや、求めていたのは、そういうものではないんです」ということになりかねません。

　この「真の目的」を意識しておくと、「素材」が引っ張り出しやすくなります。単に「自己紹介」ではなく、「社員の知られざる一面を書く」「プライベートの楽しみ」「仕事で一番好きなこと」のほうが、内容を具体的に頭に浮かべやすいからです。ただ、ちょっと考えただけで十分な内容が浮かぶとは限りません。そこでぜひやってほしいのが、時間をかけて考えていくことです。

　先にも述べましたが、あえてデスクでは考えない。脳にはすでに「素材」を考えるよう指令が行っていますから、いつどんなときに「素材」が降りてくるかわかりません。

　そのためにも、脳を油断させたタイミングを逃さないこと。いろんな刺激を与えて浮かんできたものを捉えること。それを、すかさずメモするようにするのです。

ある程度、メモが溜まってきたら、私がやっているように、**「ひとり連想ゲーム」**をやってみるといいと思います。「あ、こんなことも書けるかもしれないな」「これもいいな」「そういえば、こんなこともあったな」といった具合に「素材」(=事実、数字、エピソード)を片っ端からメモしていくのです。

 たくさん「素材」が集まってくれば、それだけラクに長い文章を書けるようになります。

[　締め切りまでの素材の集め方　]

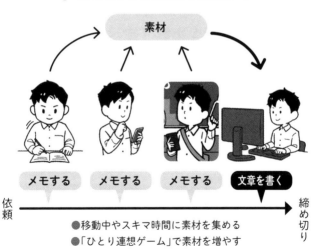

☑ 長い文章は、分割して考える

　こんなふうに「素材」を用意するためにも、**依頼をもらったら、なるべく早めに準備を始める**ことが肝要です。

　締め切りはまだ先だから、とギリギリまで手をつけないでいると、「素材」が準備できていないのに、書かなければいけなくなります。これでは、文字量は増えません。

　自分の頭の中にあるものから文章をつくっていくとき、ある程度の「素材」を出すには、時間がかかるのです。それを理解していれば、早くから準備をすることになります。

　デスクで考える必要はありません。むしろ移動中など、スキマ時間のほうが、「素材」を考えるには、向いています。それは、刺激が多く、脳を油断させやすいからです。

　ついでに長い文章についてはもうひとつ、**文章は分割してつくる、**ということを意識しましょう。

　例えば、3000字の原稿も、3000字ずっと同じ話が続くわけではありません。500字の6ブロックだったり、600字の5ブロックだったり。

　3000字となるとひるみますが、500字を6ブロックと考える。そうすることで、グンと書きやすくなります。

> **まとめ**
> 長い文章を書くときは、
> 事前準備に時間をかけて「素材」を集めよう。

研修や講演のレポートに困らない方法

　会社で研修や講演の感想文などを求められたが、何を書いていいかわからない、書くことがない、書けない……。こんな事態に陥ってしまう人も少なくないようです。

　どうしてそうなってしまうのか。答えは簡単。**研修や講演の最中に、しっかりメモをとっていなかったからです。**

　感想文というと、感想だけを書くものだと考えてしまう人がいます。書くのが苦手だった私がまさにそうでした。

　子どものころ、もっとも嫌いだったのが、読書感想文だったのです。本を読んだ感想を、原稿用紙２枚に書く。とてもではないですが、感想はそんなに出ないし、書けない。どうやってマス目を埋めるか、とにかく苦痛でした。

　実は読書感想文も、「読み手」のことを頭に描くと何を書けばいいのかが見えてきます。感想文を読むのは、先生。しかし、先生がその本の内容について詳しく知っているとは限りません。にもかかわらず、感想だけをつらつらと書き連ねても、読んでいる先生には、なんのことだか、さっぱりわからないわけです。

　要するに、読書感想文では、本がどんな内容だったかを書くことも必要なのです。**こんな内容について、こんな感想を持った、という合わせ技が感想文なのです。**

☑ 研修内容と感想を、その場でメモしておく

　これは研修や講演の感想文も同じです。どんな研修を受けたのか、どんな講演内容だったのか、その内容がわからなければ、感想を読む上司なり、人事部なりは、なんのことだかわかりません。

　こんな内容を学び、それについてこう感じた、と**内容と感想をセットで書く**。内容に感想をかぶせていくのです。これが、感想文です。だから、研修内容についてのメモをしっかりとっていないとそもそも書けないわけです。

　また、感じたことを書くので、それも**しっかりその場でメモする**。あとになってそのとき感じたことを思い出そうとしても、なかなかできません。いざ書く段になって、「あれ、書くことがないぞ」ということになりかねないのです。

☑「見たこと」もしっかりメモ

　研修の内容についてメモをとるのは、仕事系ノートでもいいですし、量が多くなるならパソコンでもいいかもしれません。

　いずれにしても、あとから振り返ることができるよう、ポイントをメモしておくこと。上司や同僚に、報告するくらいのつもりでメモをとるといいでしょう。

　また、例えば講師が印象的なエピソードを語って、そのときに何か感じたことがあれば、やはりそれもメモしてお

く。どんな話を聞いて、それについてどう思ったか、両方書いておくのです。

　加えて、**「見たこと」も素材になります。**スライドに投影されたグラフ。講師を務める人の姿勢の美しさ。配られた資料の精度の高さ。なるほど、これはすごいな、と「見たこと」もしっかりチェックしてメモしておく。

　そして書くときに、メモを見ながら内容に感想をかぶせていくのです。内容があって、感想があるわけですから、書くのにそれほど戸惑うことはくなるでしょう。メモの素材がたっぷりあるので、ボリュームだってすぐに稼げます。

[　現場でメモしたい「見たこと」　]

☑ プロの文章もメモからできている

　現場でメモをとって、それをもとに文章を書く、というのは、私が普段、仕事でやっていることです。

　雑誌やウェブサイトに記事を書いていますが、取材やインタビューに出向いて「素材」を集めたり、資料と向き合って「素材」を得たりして、記事を書くのです。

　プロの書き手だからといって、ゼロから文章をつくっているわけではありません。「文章の元になるもの」「文章の中身」が必要なのです。

　だから、それをメモします。**「素材」がなければ、プロの書き手でも、文章は書けません。**文章を書くときも、重要なのは、実はメモなのです。

　そして、やはり書くためにメモしようとすると、「素材」に意識が向かうようになります。前述の授業参観の例もそうですし、研修や講演でもそうです。

　感想文を書かなければいけない、ということがわかっているから、「素材」に意識が向かい、メモを的確にとるようになるのです。

> **まとめ**
> 研修や講演のレポートを書くときは、現場で感じたこと、見たことをメモしておこう。

Technique 58 営業日報・業務日報をすばやく書く方法

　内容や感じたことについて、しっかりメモをとっておくことが活きるのは、営業日報や業務日報も同じです。

　営業の仕事は好きなんだけど、帰社してから日報を書くのが苦痛だという営業担当者の声をよく耳にします。

　私は社会人として最初に就いた仕事が、アパレルメーカーの営業でした。わずか1年半でしたが、静岡や山梨のショップを担当して、店舗を巡回していました。

　当然ですが、営業日報があり、これに苦戦したのを覚えています。何を書いていいのか、わからなかったのです。

　今はリモートワークも広がり、自宅でどんな仕事をしたのか、毎日のように日報にして報告しなければいけない、という人も増えたのではないでしょうか。**上司にしてみれば、部下がどんなふうに仕事をしているのかが見えない。**

　だから、これまで外回りの営業は日報が求められてきたわけですが、これが最近ではほかの職種にも広がってきているということです。

☑ メモがないと1日を思い出せない

私自身がなぜ昔、営業日報が書けなかったか。振り返っ

てみて思うのは、何をしていたのかについて、その時々でメモしていなかったからです。

それなのに会社に戻ってから、日報を書こうとしていました。これでは書けないはずです。

営業を終えて会社に戻り、「今日は何をしていたんだっけかな？」と振り返っても、わずか数時間前のことなのに、そうそう思い出せない……というのは、多くの人に経験があるのではないでしょうか。

[　日報のためにメモすべき4つのポイント　]

1
1日何を
していたか

2
お客さまと
どんな会話をしたか

3
どんな成果があり、
どんな課題をつかんだか

4
次にどんなアクションを
起こすか

4つのポイントはその都度メモをとっておく

そう、人間は忘れる生き物だから。メモをとっていないと、「書くことが思い出せない」わけです。

　営業日報でも業務日報でも、必要なことは、その都度メモをとっておくことなのです。朝から何をしていたか、仕事系ノートにメモを残しておく。営業であれば、お客さまとどんな会話を交わしたか、など営業の状況についてもメモしておく。
　リモートワークなら、朝からどんなことをしたのか、どんなふうに仕事を進めたのか、メモしておく。
　面倒に思えるかもしれませんが、これをやっていないと、いざ日報を書く段階になって、頭を悩ませることになります。メモが残っていないと、頭をひねって思い出さねばならなくなるからです。

☑ 上司が理解できる「素材」をメモする

　営業日報、業務日報のメモには、どんなものが必要になるのか。これは、この**日報は誰が読むのか、という「読み手」に意識を巡らせると、イメージがしやすいでしょう。**
　日報を読むのは、多くの場合上司です。つまり、上司が知りたいに違いない、と思えるものをメモしておけばいいということ。上司に1日を報告するなら、上司がその日1日の仕事について知りたいことをメモしておくのです。
　上司が求めてくるであろう「素材」をメモする。お客さ

第6章　文章力の決め手！ 素材メモ

まを訪問したら、アポイントを終えたすぐあとに、簡単でかまわないのでメモする。

　日報といっても、つらつらと文章を書かなければいけないわけではありません。必要なのは、上司が理解できる「素材」です。事実、数字、エピソード（コメント）がしっかり書かれていればいい。「素材」がただ並んでいるだけでも、上司は十分に理解できるはずだからです。
　感じたことの報告も加えておいたほうがいい、と考えたなら「お客さまはこんな印象だった」「こうしたほうがいいと感じた」などの感想もメモ。そうすることで、営業活動で何が起きているかについて、上司の理解も深まります。
　テレワークであれば、区切りのいいところで、進捗をメモしていきます。何をしていたか。どんな課題に向き合っていたか。どんな成果を生み出せたのか。

　最初から日報を書かなければいけないと意識していれば、メモに意識が向かうようになります。上司に報告するための「素材」へのアンテナが立つようになります。メモさえあれば、あとで日報を書くことに困らないのです。

> **まとめ**
> 上司が知りたい情報が何かを考え、
> その都度メモして日報にまとめよう。

Technique 59 読み手が「追体験」できる 出張レポートを書くコツ

　それなりのボリュームのレポート提出を求められると、憂鬱になるという声もよく耳にします。

　例えば、出張のレポートを2000字、3000字で書く。出張は楽しみだけれど、戻ってからレポートを書かないといけないのがつらい、と。

　しかし、**出張のレポートも、しっかりメモをとっていれば、怖くはありません。**出張のレポートが憂鬱になるのは、とっておくべきメモをとっていないからです。

　日報と同じように、会社に戻ってからあれこれと思い出そうとしても、とてもできません。現地でしっかりメモをとっておくことが大切なのです。

　まずは、**出張のレポートの「目的」と「読み手」の確認**です。レポートといっても、様々な「目的」があります。例えば、部内の情報共有。あるいは上司の現状把握。社長視察の事前レポート。役員会議で使用する報告書。取引先に提出する資料……。

「読み手」も、同僚、上司、役員、社長、取引先など、様々に考えられるわけです。

　役員が読むのに、同僚が読むものだと勘違いして出張のレポートを書いたら、困ったことになります。

第6章 文章力の決め手! 素材メモ

[　出張前の下調べのポイント　]

- どんな会社なのか?
- どういう組織になっているか?
- 働いているのはどんな人たちか?
- 売り上げはどうなっているか?
- どんなノウハウを持っているか?

「目的」と「読み手」をしっかり確認しておけば、必要な「素材」にも意識が向かいます。どんなことを「素材」として集め、メモしてこないといけないか、イメージできるようになるはずです。

☑「聞いたこと」をメモする

　例えば、「目的」が出張先の取引先の状況把握、「読み手」は上司だったとしましょう。端的に言えば、上司である課長に出張先の現状報告をする、ということです。

　となれば、まずは課長が何を知りたいのか確認する必要があります。取引先の売り上げ動向か、持っている技術を知りたいのか、両者ではチェックする内容が異なります。

　その上で、ウェブサイトなどで相手先の情報を調べておき、取引先の何をチェックしておかなければいけないのか、事前にリストをつくっておくのです。

出張のレポートなど、長い文章を書く際の「素材」（＝事実、数字、エピソード）を集める方法のひとつには、現地でのヒアリングがあります。

　私が雑誌やウェブサイトの記事をつくるとき、まさにやっているのが、これです。取材やインタビューによって「素材」を獲得し、それをもとに文章をつくるのです。

　もらった資料やパンフレットもあるかもしれませんが、それだけで文章をつくるのは限界があります。

　もとより、誰にでも手に入る資料やパンフレットをもとに書いていたのでは、わざわざ出張した意味がありません。そこで、現地で聞いた話を「素材」にするのです。

　ここで必ずやらないといけないのが、もちろんメモをとることです。仕事系ノートにとる一方で、ICレコーダーやスマホのボイスレコーダーで録音しておくのも有効です。

　これが、会社に戻ってからレポートを書くときの貴重な「素材」になります。

☑「見たこと」もしっかりメモする

　もうひとつ、大事な「素材」があります。それは、先にも少し触れた「見たこと」です。「聞いたこと」だけでなく、「見たこと」もしっかりメモしておく。これが出張のレポートでは、より重要になります。

　私はよく「五感」で感じたものをメモしておくといい、と言っています。そのすべてが、「素材」になるからです。

出張のレポートで目指すべきゴールは、**「読み手」が出張を追体験できること**です。書き手が「すごい」と思ったことを、どれだけ「読み手」にも感じさせるかが勝負です。

そこで、「見たこと」を活用するのです。実際、出張先を訪れれば、たくさんのものを見ることになります。どんな場所にあるか。どんな建物か。どんな受付の雰囲気か。

オフィスに足を踏み入れても、見えてくるものがあります。職場の雰囲気はどんな感じか。どんな人が働いているか。平均年齢はどのくらいか。会議室や応接室の印象はどうか。案内してくれた人はどうだったか。

元気な会社はこんなところからでもわかります。出張に行けば、いろんなものを見ているのです。しかし、それは知らない間に忘れ去られてしまいます。もっと言えば、見ていることすら意識していない。だから、記憶にも残っていない。これでは、「読み手」に追体験をしてもらいたくてもできません。だからこそ、「見たこと」のメモをとるのです。できる限りたくさんメモをしておく。撮影が可能なら、スマホで写真を撮る方法もあります。

「見たこと」をそのまま「素材」としてレポートに盛り込むことで、臨場感をぐっと高めることができます。

出張のレポートは、現地で聞いたこと、
見たことを忘れないようにメモしよう。

Technique 60
構成を考えるときに使える「矢印メモ」

　文章をどうやって構成するか、頭を悩まされる方も少なくないようです。これも、小学校のときに習った「立派な文章」や「起承転結」などの呪縛が強く残っていることが、原因なのではないでしょうか。

　文章はコミュニケーションのツールでしかありません。**大事なことは、伝えるべきことが、ちゃんと伝わること。**その意味では、しゃべって聞かせるか、もしくは読んでもらうか、の違いでしかないと思うのです。

　構成するときも、とてもシンプルな考え方をしています。**しゃべるつもりで考えればいい**、ということです。

　私がよく言うのは、**「読み手」を想定し、その人がカフェで目の前に座っていると想像してみること。**伝えたいことがあるとして、どんな順番で、どんな流れで話すか。それをそのまま文章の構成にしてしまえばいいのです。

　実際、仕事の話をするとして、目の前にいる人が、会社の同期か、大学時代の友人か、で話し方は変わってくるはずです。同期は会社や仕事について、ある程度、理解していますから、そこを詳しく説明する必要はない。しかし、大学の同級生は知識がありませんから、そうはいかない。

　また年配者なのか、子どもなのか。子育て中の女性なの

第6章　文章力の決め手！ 素材メモ

[　構成をうまく考えるコツ　]

「読み手」を
想定して
話す順番を
変える

読み手
●会社の同僚
●大学の同級生
●同じ業界の人
●年配者
●子ども

か、バリバリ仕事をしている独身男性なのか。同じ業界にいる人か、そうでない人か。それだけでも話の順番は変わるはずです。

ちなみに「起承転結」なんて考えません。私は30年以上書く仕事をしてきましたが、**「起承転結」なんて一度も考えたことがない**。しゃべって聞かせるなら、どう構成するか。どんな原稿もそんなふうに考えています。

☑「↓」を使って、構成要素をつないでみる

こうして構成を考えるとき、情報を書く順番をパソコンや、手書きで、メモに落とし込んでいくことが少なくありません。構成のためのメモです。

頭の中で描いたものを、実際に文字にしたほうが、圧倒的に速く書けるからです。

少しの手間を惜しんでメモをつくらないと、構成のイメージは頭の中でぼんやりしたまま。メモで見える化することで、そのぼんやりが、はっきりとしたものに変えられ

るのです。そして**この構成メモを、より効果的にする方法があります。「矢印(↓)」を使うことです。**

頭の中で考えているものを矢印でつないでいくのですが、「↓」があるだけで構成要素を並べやすくなります。

まずは書く内容、つまり文章の「素材」をある程度集めたら、どんな流れで話をするのがいいのか、大きなストーリーを考える。次に、それをそのまま、文字にしてみる。そこに「↓」をつけていくのです。

☑ まずは大きなストーリーを先につくる

例えば、この本の紹介文をつくってみましょう。

メモを活用できていない人が多い
↓
メモの効能がわかっていないから
↓
実は私自身もわかっていなかった
↓
メモの習慣が人生を変えた
↓
とてもやさしい簡単なメモ術

こんなふうにして、大きな枠組みの構成を、まずはつくってみるのです。そして、それぞれの要素に集めてお

た「素材」で肉づけしていく。

　肉づけする「素材」を多くすれば、長い文章になります。大枠の構成さえできてしまえば、あとは「素材」をどれだけ盛り込むかで、文章を長くしたり短くしたりできます。

　長文は「素材」の量が違うだけ、と前述しましたが、もっと言えば、**短い文章の構成を、大量の「素材」で肉づけしたものが長文**、と考えるとわかりやすいでしょう。

　ぎゅっと凝縮されたものを、肉づけによって広げていくイメージです。

　長文になると「素材」が多くなり、書くときに扱いに困る人もいるようですが、まずは、短い文章を書くつもりでストーリーをつくってみることです。

　そこに、「素材」を入れ込んでいく。実際に「↓」の間にメモしていくといいと思います。こんなふうにして、文章を膨らませていくのです。

　長文では、書く段階ですべての「素材」が揃っていない場合もありえます。あとでネットや資料から「素材」を集めてこないといけない場合です。この場合でも、ストーリーをざっくり先につくっておくと、どの「素材」が足りないのかが見えてくるのです。

> 頭に描いたストーリーを「↓」でつなげ
> そこに「素材」で肉づけしていこう。

Technique 61

パワポのスライドも メモから始める

　講演やプレゼンテーションなどで使うパワーポイントのスライドをつくるときも、私はメモを活用します。

　まずはメモで、スライドに使う「素材」を書き出し、構成の「下書き」を手書きでつくってから、実際のスライド作成に入ります。そのほうが、速くつくれるからです。

　スライドづくりを何度もしているうちに、**やってはいけないスライドのつくり方があることに気づきました。それは、いきなりスライドを作成しようとしてしまうことです。**

　何の準備もしないまま、いきなりスライドをつくり始めたら、大変な時間がかかってしまったのです。全体像が見えないまま、着手してしまったことが要因でした。

　全体像が見えないままでは、手が止まってしまうのです。逆に、「素材」をしっかり揃え、メモに大きな枠組みの「下書き」を書いたら、あっという間にできたのでした。

☑ スライドに必要な「素材」を出していく

　スライドの「素材」の準備は、文章を考えるときと同じです。まずはスライドにどんな構成要素が必要なのか、考えてみるのです。急ぎで仕上げなければいけないときは別ですが、スケジュールにゆとりがあるなら、**時間をかけて**

「素材」を準備します。文章の「素材」と同じように、いきなりすべての「素材」がスラスラ出てくる、などということはなかなかないからです。

これも入れたほうがいいな、と突然どこかで浮かんだら、忘れないようにメモします。

発注者に必ず確認しなければいけないのは、何の目的で、どんな人に見てもらうのか、です。これを理解できていないと、適切な「素材」を引っ張り出すことはできません。

ピント外れのスライドにしないためにも、文章と同様、「目的」と「読み手」の確認は必須です。逆に言えば、それを頭に入れておけば、「素材」集めもしやすくなります。

そんなふうにして、スマホにスライドに必要な「素材」をどんどんメモしていくのです。

[　スライドづくりがうまくいく流れ　]

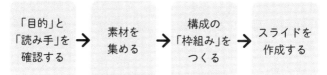

時間をかけて
素材を集めると
うまくいく

ある程度、メモが溜まったら、今度は「ひとり連想ゲーム」をやります。すでに出ている「素材」がヒントになったり、何かのトリガーになったりして、別の「素材」が思い浮かぶことが少なくないからです。
　こうして、「素材」を出し続けていきます。

☑ 図をスケッチして「枠組み」つくる

「素材」が出揃ったら、今度は構成の「枠組み」づくりです。実はスライドの枠組みを考えるのは、文章の構成を考えるのと基本的に同じやり方です。
　ここでも、何の目的で、どんな人に見てもらうことになるのか、が非常に重要。チームで共有するためか。部長に提出するためか。同僚にプレゼンするためなのか。役員にプレゼンするためなのか。
「目的」と「読み手」が変われば、構成の「枠組み」も変わっていきます。これもまた、文章のときと同じです。「読み手」に対して、しゃべるつもりで構成を考えていきます。
　まずは大きなストーリーをつくり、そこに「素材」をあてはめていく。「素材」を先に用意したほうがいいのは、「素材」が見えないままだと、大きなストーリーが見えてこないからです。
　そして文章と違うのは、図やグラフ、表、写真など、ビジュアルがあることです。**どのタイミングで、ビジュアル**

を見せるのか、それを把握するためにつくっているのが、手書きの「枠組み」なのです。

　それぞれの「素材」ごとに、どんなビジュアルを置いていくのか。あるいは、テキストにしていくのかを考えていきます。

　中には「このグラフは必ず使わないといけない」など、入れ込むべきビジュアルが決まっているものもあります。その場合は、どんな「素材」と組み合わせるべきなのか、どんなテキストをつけるべきなのか、考えます。

　この構成の「枠組み」をつくるときに、ラフな手書きで下書きすることが有効なのです。

　とにかく簡単に、ビジュアルが描けてしまうから。そうすることで、全体のイメージがつかみやすくなります。**手書きで「枠組み」をつくる利点は、ざっくりと全体像が簡単につかめること**です。丁寧なスケッチにする必要はありません。ざっくり自分にだけわかるレベルでいい。

　メモで下書きをするなんて、面倒だと思われるかもしれません。しかし、下書きをしたほうが、全体像がつかめ、流れをつくりやすくなります。結果的に、すばやくスライドが完成するのです。

> **まとめ**
> スライドをつくるときは、手書きで
> 「枠組み」をつくり、全体の流れを決めよう。

Technique 62 実現しやすい企画書のつくり方

　仕事で苦手なものに企画書づくりがある、という人は少なくないようです。どうやって書いたらいいかわからない、何を書くべきかわからない、説得力のあるものにできない。そんな声を耳にしたことがあります。

　そもそも企画書とは、企画の概要を記した書面です。

　ですから、原点である「企画とはなんぞや」というところから考える必要があります。前述した通り、**企画とは「課題があって、それを解決するためのもの」**です。

　ただ面白いものを考えればいいわけではない。むしろ、思いつきの企画など、提案してはいけない。

　なぜなら、課題も解決法もないから。それでは、企画として何も達成できないからです。

☑ 福山雅治さんがなぜ『週刊現代』に？

　企画とは何かについて、印象に残っている仕事があります。かつて講談社の週刊誌『週刊現代』で福山雅治さんのグラビアインタビューを担当したことがありました。

　福山さんが人気があるから選ばれたわけではありませんでした。ここには、しっかりした企画意図があったのです。『週刊現代』のメイン読者は、実は60代以上です。少し前

にフリーペーパーが登場し、スマホも出てきて、電車の中で雑誌を読む人たちはどんどん減っていきました。そんな中で何が起きたのかというと、週刊誌の読者はどんどん高齢化していったのです。若い人は駅で雑誌を買わない。このままでは、新しい読者が開拓できないわけです。

もし、『週刊現代』が既存の読者を喜ばせるグラビアを企画するなら、60代の読者が喜びそうなグラビアをつくればいい。しかし、福山雅治さんを起用したところに明確な企画意図があった。つまり、**福山さんと同じ若い世代を新しい読者として取り込もうとした**ということです。

読者層の高齢化という「課題」があり、新たに若い読者を開拓するための「解決法」が、福山雅治さんの起用だったわけです。「課題」→「解決法」です。これが企画です。

違う例を出しましょう。商品の販売キャンペーンを立てないといけない。まったくのゼロから企画するのは、なかなかに難題です。では、こんなふうに「課題」を考えてみたら、どうでしょうか。

・売れていないエリアはどこか
・売れていない世代はどこか
・売れていないカテゴリーは何か
・売れていない営業担当者は誰か

「解決法」として、売れていないエリアでキャンペーンをやる。売れていない世代に向けてキャンペーンをやる。売れていないカテゴリーのキャンペーンをやる。売れていな

い営業担当者とキャンペーンを組み合わせる。

これで十分に企画になるのです。

問われているのは「課題」、そしてその「解決法」です。
もちろん潜在的な課題もありますが、そもそも解決できるものでなければ、企画の意味をなしません。

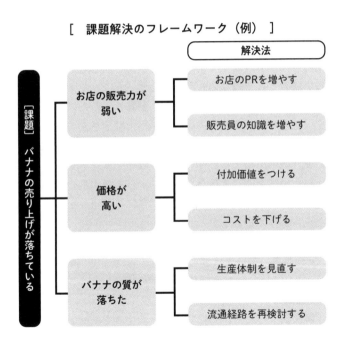

企画は課題の解決法から生まれる

☑ 企画書は「課題」と「解決法」を書けばいい

　企画書というと、なんだか難しく考える人が少なくないのですが、違います。もとより企画書そのものに価値があるわけではありません。**企画によって実現するものにこそ、価値がある**のです。

　したがって企画書には、その企画の価値が書かれていればいい。つまり、「課題」と「解決法」があればいいのです。こんなふうにして課題を解決する、何か新しいことを達成する、ということが書かれていればいいのです。

　一方で、**やってはいけないのは、企画書を「盛って」しまうことです**。なんとかいい企画に見せようとして、自分の企画をヨイショする。なんとか背伸びさせようとする。

　まずい企画書でよく使われるのが「形容詞」です。先に「できるだけ使わないほうがいい」と指摘した言葉です。企画書が書けない、苦手という人は、この形容詞を考えるために時間を費やしている人がほとんどだと思います。

　しかし、これはむしろ逆効果。企画書に必要なものは、形容する言葉ではなく、「課題」を提示することであり、それが「解決」できることをしっかり示すことなのです。

「課題」と「解決法」をメモし、
企画書に盛り込もう。

1冊の本は「付箋メモ」でできている

　私はこれまで、いろんなテーマで本を書いてきましたが、一方で著者に代わって本を書くブックライターとしてもたくさん仕事をしてきました。冒頭で**「月に1冊書いている」**と書いたのは、自分の本のほかに、別の著者のライティングも手がけているからです。経営者や評論家、スポーツ選手などが超多忙な本業を抱えながら、同時に自分で本を書くというのは並大抵のことではありません。

　そこで、**10時間ほどのインタビューをさせてもらい、それを著者に代わって本の形に落とし込んでいくのが、ブックライターという仕事です。**

　一部を除いて、本の装丁やデザインまでやる著者はいません。それは、デザインのスキルのある人にお任せしたほうが早くてクオリティーの高いものができるからです。

　本の中身である、テキストのライティングも同様です。作家など職業文章家や文章が得意な人、好きな人を除いて、文章は誰にでもスラスラ書けるわけではない。だったら、書くスキルのある人に委ねたほうがいいに決まっています。

　デザインはプロに委ねるのが当たり前なのに、「ライティングはプロが手がけるもの」と思っている人はそう多くないように思います。それが私には不思議です。

☑ ブックライターという仕事の意義

　もとより、ブックライターがお手伝いしているのは、文章そのものの魅力を打ち出している小説家やコラムニストの本ではありません。ビジネス書や実用書など、中身、つまりはコンテンツが重要な本です。

　もし、本の原稿は自分で書かなければいけない、となったら、世に出る本は激減すると思います。しかも、**時代の流れに乗り、読者が欲しいタイミングで欲しいテーマの本がスピーディーに出版される、なんてことも難しくなる。**すばやく本が書ける人など、そうそういないからです。

　そこに、ブックライターという職業の意義があります。この職業は、これからますます必要とされるはずです。そこで私は、ブックライターを育成する塾も開いています。

　月に1冊本を書くには、そのためのスキルがあります。そして、ここでも重要な役割を果たすのが、メモです。

　10時間に及ぶインタビューは、専門の業者にすべてテキストにしてもらうのですが、それは積み重ねると厚さ5センチにもなります（これを「スクリプト」と呼んでいます）。

　そこに詰まっているのが、本を書くための「素材」（＝事実、数字、エピソード）です。ただ著者の話を単に書いていけば、本になるわけではありません。

　必要な素材は、分厚い5センチのスクリプトのあちこちに埋まってしまっているのです。

☑ 長いインタビューを「付箋メモ」で管理

本づくりのプロセスでは、10時間のインタビューから本の構成を考えます。いわゆる章立てであったり、章の構成要素をどうするかだったり、です。

構成案ができたら、次はその要素＝「素材」が分厚いインタビュースクリプトのどこにあるのかを、見つけ出さなくてはなりません。**ここで活用するのが、付箋メモです。**

例えば、1章なら水色、2章なら緑、3章なら黄、4章はオレンジ、5章はピンクの付箋を使うと決めます。そしてスクリプトの中で、各章に使う「素材」を見つけたらそれぞれの色の付箋を貼っていくのです。

そして、章の数字とともにキーワード（多くは構成要素のタイトル）を決めて、付箋の端にそれをメモします。

[**付箋メモを活用した長文の執筆**]

章立てや構成要素が書かれたものが「設計図」だとすれば、5色の付箋にメモされたキーワードは「部品」。こうして、設計図を見ながら、部品を組み立てていくわけです。

　もし、付箋メモで部品の整理ができていなければ、構成案を見ながら、「ああ、この分厚いスクリプトの中の、どこかにあの素材があったんだけど……」などと思いながら、いちいち探さなければいけなくなります。これは大きな時間のロス。そんなことをしないために、私は付箋メモで「部品」を整理しているのです。

☑ 長文を書くときにも「付箋メモ」は使える

　この手法は本に限らず、長い文章を書くときも使えます。素材があちこちにあって、「あれ、どこにあったかな」と探さなければいけないとき、構成要素を見ながら、各部品に付箋メモを貼り付けていくのです。大きく4つの構成に分けるなら、4色の付箋を使うと、より効果的でしょう。すぐに見つけられます。

　私も、「素材」の多い長い文章を書くときには、付箋メモをよく活用します。すばやく効率的に文章が書ける、ひとつのテクニックです。

> **長い文章を書くときは、色分けした付箋メモを「素材」に貼って活用しよう**

SNS投稿やブログも
メモからつくる

インターネットを使えば、自分の関心や思いを簡単に配信できる時代。SNSやブログを使って、様々な情報を発信している人も少なくないでしょう。

一方で、そうした発信は、読者のレスポンスという形で評価されることになります。たくさんの「いいね！」やシェアを目指している、という人もいるでしょう。

「面白い」ものを書こう、投稿しようと考える人も多いわけですが、この「面白い」という言葉は、極めてクセものであることに注意しなければなりません。

自分が「これは面白い」と思ったものが、ほかの人も面白いとは限らないからです。「これはウケるはず」と思ったものが、ほぼ無反応ということもあります。

ここで注意しなければいけないのは、**評価をするのはあくまで「読み手」だ**ということです。さらに、すべての読者に「面白い」と思ってもらうのは至難の業だということ。

何が必要かといえば、「読み手」を意識することです。どんな人に読んでもらいたいのか、です。

特定の誰かに強く刺さるものを考える。**特定の誰かに、「読んでよかった」というベネフィットを与えられるもの**を考える。そんなふうに、読み手を意識してみるのです。

☑ 世の中は、ネタの宝庫

世の中は、書き手にとって、まさにネタの宝庫です。「あれ、これはなんだ？」と思えることに多々、出会えるからです。繰り返し述べているように、人間は見たものをよく覚えていません。駅まで向かう途中、建物が壊された空き地が現れても、そこに何があったか、思い出せない。

これは、脳のメカニズムなのだそうです。すべてのものを注目していると、脳がヘトヘトに疲れてしまう。だから、見ているのに自動的に見えなくしている。言ってみれば、気づきのスイッチが切られているのです。

だから、何もしなければ、「面白い」ことがあったとしても、脳は素通りしてしまいます。ところが、スイッチはちゃんと自分で入れられるのです。**スイッチを入れて、よくよく見てみると、「面白い」ことはたくさん世の中に転がっています。**アンテナが立ってくるのです。

例えば、私がときどきコーヒー豆を買いに行くコーヒーショップは、いつ行っても、来店客の8割が高齢者。なぜか。実は近くに古い団地があり、そこに住む高齢者の溜まり場になっていたのでした。

電車に乗ると、昔はよく7人がけの席に5人しか座っていない、というスペースの無駄遣いがありましたが、最近は見かけない。これは、シートに凸凹がついて、凹んだところに人が座るように設計されているからだと知りました。

テレビをつければ、最近のテレビCMは、自社の番組宣伝がとても増えていることに気づきます。テレビCMがかつての勢いを失っている証しではないかと感じています。

こんなふうに「**あれ、これはなんだ？**」**というものに出会えたとしても、それをそのまま文章にしないことです。**

文章にする前に、誰に伝えれば、もっとも「面白い」と思ってもらえるかを考えてみるのです。できれば、その人の姿形までイメージしてみる（友人、知人だとわかりやすい

[　メモのチャンスとなる「あれ？」　]

- 「あれ？」と思ったらメモする
- SNSで「あれ？」を発信する
- 「あれ？」と思ってくれそうな人を想像する

世の中にあふれる「ネタ」に気づきやすくなる

ですね)。そうしてから書いてみるのです。

投稿ごと、ブログごとに、「読み手」は変わっていいと思います。そうすることで、「読み手」に刺さるものが書ける。インパクトを与えられるのです。

そして、**「あれ、これはなんだ?」にアンテナが立ったとき、メモをとるのです**。絶対に忘れてしまうからです。「ん?」と思ったら、その場ですぐにメモ。スマホをいつでも持ち歩いているわけですから、そこにメモすればいい。どんどん面白い「ネタ」をストックしていきましょう。

SNSでは、思いついたらその場で発信する、ということも多いと思います。これはこれでかまいません。それとは別に、ストックとしてのメモも残しておくのです。そうすれば、後日、何か投稿するときの「ネタ」として使うことができます。

「ネタ」を探すことを意識していると、自然に気づきのスイッチはオンになり、「面白い」ものを探してくれるようになります。あとは、すかさずメモしていくだけ。

知らない間に、脳はキャッチしてくれているのです。それを意識し、メモしていくことが大切。そして、「読み手」と内容の組み合わせを考え、発信を考えていくのです。

> **まとめ**
> SNSやブログで発信するつもりで、
> 「ネタ」を探し、忘れないうちにメモしよう。

MEMO BEST METHOD

第6章のまとめ

- ☑ うまい文章を書くには、素材(事実・数字・エピソード)を集め、メモしよう。

- ☑ 研修や講演、出張のレポートを書くために、見たこと、感じたことをその場でメモ。

- ☑ スライドは、いきなりパソコンでつくらず、まずは手書きして全体の流れを決めよう。

- ☑ 長い文章を書くときは、色分けした付箋を素材に貼って、見つけやすくするといい。

- ☑ 日ごろからアンテナを張ってネタをメモし、ブログやSNSで発信してみよう。

本書は、Gakkenより刊行された単行本を、文庫収録にあたり、加筆・改筆したものです。

知的生きかた文庫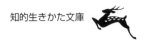

メモ活
　　(かつ)

著　者	上阪　徹	(うえさか・とおる)
発行者	押鐘太陽	
発行所	株式会社三笠書房	
	〒102-0072　東京都千代田区飯田橋3-3-1	
	https://www.mikasashobo.co.jp	
印　刷	誠宏印刷	
製　本	若林製本工場	

ISBN978-4-8379-8914-1 C0130
Ⓒ Toru Uesaka, Printed in Japan

本書へのご意見やご感想、お問い合わせは、QRコード、
または下記URLより弊社公式ウェブサイトまでお寄せください。
https://www.mikasashobo.co.jp/c/inquiry/index.html

* 本書のコピー、スキャン、デジタル化等の無断複製は著作権法上での例外を除き禁じ
　られています。本書を代行業者等の第三者に依頼してスキャンやデジタル化することは、
　たとえ個人や家庭内での利用であっても著作権法上認められておりません。
* 落丁・乱丁本は当社営業部宛にお送りください。お取替えいたします。
* 定価・発行日はカバーに表示してあります。

上阪 徹 の本

凄腕ブックライター

成功者3000人の言葉

読めば今日から人生が好転する！
一流の思考法

人生に「正解」なんてない！
成功のための「ヒント」があるだけだ!!

トップランナーの取材で見えた「成功の本質」

- 何も持ってないは武器になる（映画監督）
- 「苦しい」がないと「楽しい」もない（哲学者）
- 第一志望の会社に入るな（人事コンサルタント）
- 向き不向きなんてない（グローバル企業トップ）
- 誰かの役に立つことを仕事と言う（名経営者）…他

単行本

マインド・リセット

不安・不満・不可能を
プラスに変える思考習慣

逆境をどう乗り越えたか。どう成功したのか？

一流の結果を出す人に学んだ
仕事・人間関係・時間術！

- 自分の「ゴールデンタイム」は1日のうちどこか？
- ツラい経験が「誰にも負けない武器」になる
- お金に愛される行動とは？
- リア充アピールには「嫉妬」よりも「祝福」を
- 「忘れる」才能、「近づかない」努力

C20048